·金苑文库
·中国特色高水平高职学校建设系列成果

泡在教育里

生命成长导向的育人实践与反思

郑莉琨 著

中国纺织出版社有限公司

内 容 提 要

泡在教育里，作者郑莉琨在担任班主任的四年里与学生共同创造了一种适合于班级发展的独特文化，这个班级不仅是班主任去观察、去栽培、去施肥的一块"试验田"，更是一群普通却又独特的学生与管理者发生爱恨情仇的一个舞台。班主任与学生，从相互陌生，到彼此熟悉；从一个个独立个体，到具有班级文化的集体。四年的全身心投入，作者产生了对教育宏观和微观的新理解，反思了教育的本质和目的。

本书是作者担任班主任的奋斗史，也是新教师走进学生的方法论合集，更是教师角色自我改造的实践反思。希望读者能从这本书中获得启发。

图书在版编目（CIP）数据

泡在教育里：生命成长导向的育人实践与反思 / 郑莉琨著. -- 北京：中国纺织出版社有限公司，2023.2
ISBN 978-7-5229-0344-6

Ⅰ. ①泡… Ⅱ. ①郑… Ⅲ. ①班主任工作—研究 Ⅳ. ①G451.6

中国国家版本馆CIP数据核字（2023）第026455号

责任编辑：林 启　　责任校对：高 涵　　责任印制：储志伟

中国纺织出版社有限公司出版发行
地址：北京市朝阳区百子湾东里A407号楼　邮政编码：100124
销售电话：010—67004422　传真：010—87155801
http://www.c-textilep.com
中国纺织出版社天猫旗舰店
官方微博 http://weibo.com/2119887771
天津千鹤文化传播有限公司印刷　各地新华书店经销
2023年2月第1版第1次印刷
开本：710×1000　1/16　印张：11
字数：156千字　定价：98.00元

凡购本书，如有缺页、倒页、脱页，由本社图书营销中心调换如果不努力发展自己的全部人格并以此达到一种创造倾向性，那么每种爱的试图都会失败；如果没有爱他人的能力，如果不能真正谦恭地、勇敢地、真诚地和有纪律地爱他人，那么人们在自己的爱情生活中永远得不到满足。

——弗洛姆《爱的艺术》

自　　序

"人生就是一次次幸福的相聚，夹杂着一次次伤感的别离，我不是在最好的时光遇见了你们，而是因为遇见了你们，我才有了这段最好的时光"，这段台词来自于谦老师主演的电影《老师·好》。这段话引发了我的共鸣，以及对从教经历满满的回忆。最初几年的从教生涯，伴随着平凡和普通的一个身份——49名同学的班主任。与学生们的相处，以及他们带给我的成长，让我有了这段最难忘的时光。可以说，是他们的信任和支持成全了我的青葱教师生涯。

班主任的工作很琐碎，在工作间隙习惯性地留下杂七杂八的点滴记录，在2020年抗"疫"期间还整理了和同学们的打卡故事，甚至在同学们毕业时回忆了从相识到毕业的故事，标题是《你们的四年，我的四年》。很多时候我选择给同学们赋能，而我自我赋能的方式是进行文字记录，这也许是我表达情绪的最佳方式。2021年很特别，我把我的班主任故事分享在班主任工作案例交流会上，给新手班主任提供参考，这个行动让我感受到经验输出的勇气，也是对班主任身份的一种认同。瓜熟蒂落，自然而然。刚刚好，在从教第一个5年结束的时候，把这本书当作给自己的礼物，也是给这个班集体的礼物，让大家在毕业分别后的各自生活轨道里，还有这样一本书可以承载我们共同的回忆。

我于2016年9月9日正式入职所在的学校，带着懵懂、学习的兴奋以及莫名的期待来到了学校。我属于跨行业就业，从互联网行业转型到教育行业，所在的学校属于财经商贸大类的高职院校，曾入选国家首批"双高"计划，学校具有品牌影响力。尽管有3年的工作经验，我仍被视为新教师，需要担任班主任从而更好了解学情；又因为原本计划带这个班的老师休产假，所以这个班就突然交给我管理了。所带班级很特殊，他们的专业是开展四年制高等职业教育人才培养的试点专业。班主任的聘任文件很快下发，新手班主任正式上岗，我与49名本科班同学相遇了。这个过程来得太快，我还没有适应"教师"身份，又多了"班主任"的身份。

在《十三邀之101女孩》访谈节目尾声，许知远老师说："人生随着时间维度的发展在扩充，人生的滋味增加了很多，包括很多无奈；人的自由意志非常奇妙，看起来再强大的力量都不能够完全束缚你的自由意志，也不能够塑造他本身。可以把这一切理解为人生的漫游，相逢的时候，跟他们一起漫游了一阵，然后分开了，又回到各自的轨道；惊喜的是这种奇妙的相逢感。"

好一个奇妙的相逢感！

本书所记录的故事恰恰源自奇妙的相逢，是关于一群普通学生与班主任之间的爱恨情仇故事。班主任工作成为学校自上而下的管理与作为管理对象的学生自下而上表达之间的缓冲地带。它是真实的、鲜活的、有生命力的。它是日常的，也是实践的，甚至有可能是文化的，即共同创造了一种适合于该班级发展的独特文化。著名社会学家保罗·威利斯在《学做工》一书中对文化进行界定，即人类在特定环境中创造意义的各种实践，而不仅是个体心理、话语或经济。文化自成一体，实践创造了文化，文化进而影响实践，以及在整体中的个体行为。

这个班级成为笔者去观察、去参与、去引导的一块试验田。"泡"在里面的感觉很独特，反思"我在做什么"，探索"我为什么要这么做"和"我为什么一定要这样做"，以及观照"我是谁"。人类学家项飙老师曾经辨析过自我、自身这样一组概念，他认为自身是包括身体在内的"我"，会随着环境的变化而变化，而"自我"是稳定内在的特质，是个体本身于世界的定位。不论处于中心还是边缘的定位，它都是人生需要去面对和回答的问题。当"自身"全身心投入时，"自我"消失。当我"泡"在班级里时，我并不知我在实验什么，没有实验的假设，也没有实验的对照组和参考系。如果真的有，那应该是源于一种好奇，来自对不同于我人生经历的个体的好奇，好奇他们如何走到今天的位置，是否有可能有其他的选择。这种好奇不断带给我一些洞察，产生关于我的"洞见"和他们的"洞见"。保罗·威利斯认为"洞察"的作用在于分析某一时刻捕捉文化生产的推动力，即"看透"他们的生存状态，从而从他们的角度决断出最有利的身份和行动，以及可提供的制约和条件，因"洞察"产生的"洞见"会嵌在他们的知识、实际"常识"和"将就"使用的意义之中。从"洞察"到产生"洞见"的过程属于文化实践及文化的再生产。同学们经历了从不熟悉到熟悉的过程，即从个体到整体的建构过程，在无意识状态下实践了文化再生产。

实践本身是"自身"全身心投入的过程，实践让我产生了对教育宏观和微观的新理解。哲学反思的主要源泉来自直接经验，对内在时间的直觉和主观感知是产生自我知识的源泉。教育本身是对现实经验的改造，教育离不开实践，人的成长里程碑来自实践产生的"洞见"。

本书可以说是笔者担任班主任的奋斗史，也是新教师走近学生的方法论合集，更是一本个体进行自我改造的实践反思，希望对即将开始担任职业教育班主任的老师有所启发。

郑莉琨
2022年11月

目 录

上篇　我和我的试验田 ·· 1

开学前的分宿舍 ·· 2

新生班会 ··· 3

帮困谈话发现学生的可能性 ·· 7

对班主任信任的一次大考 ··· 9

选班委 ··· 16

班干能力提升培训 ··· 21

刻骨铭心的一次班会 ··· 26

不断打补丁的请假制度 ·· 37

学习不等同于考试分数 ·· 42

班级传统之女生节 ··· 46

引导学习行为的发生 ··· 53

To be or not to be：读研or就业 ·· 58

价值2万的优势分析课 ··· 63

利用成就事件串起人生的珍珠 ··· 71

男生搬宿舍楼的集体决策 ·· 79

班级的那些意见领袖们 ·· 84

班级强力胶 ·· 91

抗"疫"打卡故事 ··· 94

毕业明信片留念 ·· 127

当班主任，究竟是在做什么 ·· 132

1

下篇　关于教师的方法论 ································· 137
　　教师职业的传统 ····································· 138
　　重新审视学习本身 ··································· 143
　　班级凝聚力与集体记忆 ······························· 151
　　走向何方 ··· 158

后记 ·· 165

上篇 我和我的试验田

在某种程度上，个体在生活中也像从事科学研究，尽可能理解、预测以及控制生活中发生的事件，就像科学家在实验室为某一种现象寻求合理的解释一样。解释通常用于理解周围环境，而对前因后果的解释往往以故事的形式出现。故事的结局总会发现一些意义，这些意义又引起反思，从而引导新的故事出现。

人格心理学家凯利认为，焦虑产生于个体无法理解和预期生活事件时，即焦虑是个体的建构系统不能解释周围的环境，或者说个体感到失控感。恰恰在这种失控或焦虑的感觉之下，存在着引发个体重新审视自己的建构系统的契机。解释现象的过程中会涉及两级的因果解释，即内因或外因。回到人格心理学的专业术语——控制点，指个体将责任归因于自身的内部因素（认为事件受个体控制）还是外部因素（认为事件不受个体控制），如好运或自我努力；对每一个失控现象的解释将精准定位到个体的控制点。控制点就像一维坐标轴，两极是内因和外因，两级之间是无数可能的影响因素；个体的自我调整过程就像在坐标轴上找平衡点的过程，这个过程既是个体人生旅程的微观实践，也是个体从微观出发去探寻其宏观人生意义的实现路径。

该部分包括笔者跟学生们相处的点滴故事，这些故事构成笔者生命过程的一部分。个体对世界的解释是独一无二的，对笔者或学生亦如是。这些故事往往以观察或自我觉察开启，是笔者和学生寻找控制点去重新认识自我的过程，也是笔者和学生之间相互影响及个体认知重构的过程。

毫无疑问，这是一段美好的旅程，令人回味无穷。

开学前的分宿舍

当班主任的第一件事是开学前上报学生宿舍安排（4人间）。两个班合计49名同学（男生29名，女生20名），分成了1班和2班两个行政班，各24人、25人。学院学工线的老师建议按照城镇/农村、团员/群众、不同生源地等信息属性进行分宿舍。说起来挺科学，做起来挺难。不管怎么分都应该会有同学不满意吧？反过来说，任何一种分配方式说不定都会碰撞出别样的火花。题外话，在2019年的新闻上还报道了一些学校分宿舍的独特方式，比如使用个性偏好分宿舍，甚至让新生自己选室友，这些都是有趣的尝试。

对于当时的我来说，还没开学，不认识任何一位同学，所以我采取了笨方法——使用随机函数分宿舍。我公布完分配方案后，很快就有几个男生和女生来找我调宿舍了，理由是"谁跟谁高中不说话""谁谁因为跟室友不认识会害怕"等。学校的要求是一旦报上去，原则上不允许调整宿舍。所以跟这些学生的沟通开始了。刚开始对方态度执拗、不调不行。还好，最后没调成功。四年之后来看这样一个有意思的开端，这应该不是科学的安排，无法证伪，好像这又是最好的安排。

很快新生开学之日到来，在报到现场的我一脸茫然。脸盲啊，没能记住同学们的样子，好在有一些照片记录下来。印象比较深的一件事，是我拜托同专业大二的同学打车送班级某个女生的父母去地铁站。家长看上去年纪比较大，快赶上我父母的岁数。他们来问我怎么去车站（家里比较远，回去晚了会错过回镇上的车，在杭州住一晚成本又比较高，因此需要当天赶回去）。目送家长远去的背影，我从他们的言谈举止联想到学生背后的家庭成长环境、经济基础，甚至父母所处的阶层。这些就是学生的原生家庭，塑造学生的重要环境。同学们是带着不一样来到同一个班级的。

新生班会

9月18日正式开学，终于要跟QQ群上见其字未闻其声的同学们面对面了。根据学校的安排，开学当晚需要举办新生见面会暨第一次班会。我拿到大家白天报道的照片后，使用软件尽快编辑成一个简短的视频，精心挑选了背景音乐——西城男孩的 *My Love*，同时使用思维导图整理了自我介绍以及对同学们的期待，此外还有一份充满口号的宣讲PPT。

班主任的教育信念

PPT以"改变命运 踏上新征程"开头，以"踏上新的征程 开启精彩人生"作为结尾，中间夹杂着"学习改变命运 勤奋成就未来"主题。这种口号的背后，潜藏着我内心一直存在的"知识改变命运""教育改变人生"的信念，而当时我并不自知。我成长于贵州的一个小县城，父母是普通劳动者。从县初中到市重点高中，再到成为985高校的一名再普通不过的学生，我的经历让我坚信教育是影响乃至改变普通人命运的大概率事件。我当时应该是迫不及待想把我关于教育的信念一股脑儿倒给学生们，好像在说"嘿，你们看，我是这样成长起来的，你们像我一样好好学习，就能如何如何"。好像我将成为这些同学人生中的大人物，他们的人生会因为我的出现而改变。那种内心的预设如同我的精心筹备一样就绪，夹杂着一丝兴奋。

班会PPT里，还涉及价值观相关的内容。也许那时候的我，同样认为三观很重要，但对三观为何物是雾里看花、水中望月。五年后，正值写作时，源于五年的教师生涯的实践和反思，对价值观才有了一些深刻体悟。

对价值的重新理解和实践也成为从教期间的重要成长之一。2018年前后，我被一朋友反问：你认为什么是价值？我当时回答不出。百科上对价值有2个解释。哲学认识论角度上，价值"属于关系范畴，是指客体能够满足主体需要的效益关系，是表示客体的属性和功能与主体需要之间的一种效用、效益或效应关系。价值作为哲学范畴具有最高的普遍性和概括性"；经济学概念上的价值指"客体对于主体表现出来的积极意义和有用性，可视为能够公正且适当反映商品、服务或金钱等值的总额"。

目前为止，我理解的价值观是指个体内心认为重要的事物的排序，价值反映出对个体最重要的事物是什么。价值观像一把隐形尺子，能够评估价值的高低，指导人生的一些重要选择。每个人的价值尺子可能不一样，但是当坦诚面对自己的内心时，这把尺子就会发挥作用。

我确信在班会那时，我对价值观的理解是片面的、不痛不痒的，停留在听别人说的层面。也许，当时的我以为将我所理解的时下社会流行的价值观体系传递给学生，就可以让学生相信并立刻树立远大目标。事实上，这块内容在当时并没有引起多大波澜，更别提融入学生的目标。那时候，同学们对新环境的探索才是最真实的渴望，而不是听一个不熟悉的他人絮絮叨叨。

班主任的大学生活及期待

进行到后面，班会成了我的个人脱口秀。整个演讲分成四个部分：大学生活、学校杰出校友、灵魂拷问——"不同类型的学校差别有那么大吗"、你们的未来在哪里。

大学的我基本过着宿舍、教室/图书馆两点一线的生活，爱学习，曾经持续4年追《甄嬛传》小说，有扫图书馆书架的习惯；我还是一个喜欢尝试的人，比如在北京至临沂火车上发生的故事、在凤凰古城买纪念品的故事等。我分享了印象最深的画面——两次参加学校一二·九合唱比赛拿奖的故事，还播放了当时的视频。我大一和研一时均主动参加了比赛训练，结果都拿到了一等奖。我不是拿奖的关键原因，只是在这样的艺术活动中，我感受到自身合唱技能从无到有、从有到感觉良好的变化过程以及自己融入集体（包括年级小集体和学院大集体）的过程。这个故事可以说是我人生的高光时刻。那一刻，我内心对母校心怀感恩，为她包容和接纳了一个来自普通甚至贫困家庭的求学者，让我顺利而充实地度过了大学生活，同时让我更加清晰知道自己想要的生活方式。冥冥之中，我可能也想把这种人文关怀传递给我的学生们。

这批同学有特殊性，他们是中职生源，高考录取时为计算机类考生的前100名。由于高职院校与本科院校合办的背景，他们在满足毕业的相关条件后可获得本科学历证书。那么，曾经不在同一个平台竞争的潜在优秀人群将会在本科毕业后同台竞争。优秀是相对的，优秀的评价需要基于同一个比较平台。例如，相对于高职学生，该班级的同学通过英语四级考试可以被认为具有相对竞争优势；但与本科生相比，该比较优势将会普遍化。如果因为看不到、想不到毕业后这些优秀学生不断涌现的可能性，曾经优秀的标签可能会成为大学成长路上的阻力。最怕发生的情形是眼高手低，学生自认为水平高，却没有切实的行动，内心对环境产生诸多抱怨情绪而消磨时光。当时我注意到这个问题，特意提醒学生找到自己的相对位置。

接下来开始细数所在学校的杰出校友。他们大部分于20世纪八九十年代就读本校，毕业后成为金融行业的佼佼者。我从他们成长的时代背景分析他们当时的求学选择。虽然是中专学历背景，却是聚集了当时最优秀的学生群体。我想告诉学生们，杰出校友的人生经历是个人选择和时代机遇结合的产物。在座的同学们尽管有更好的学习环境，却面临完全不同的时代背景，需要使用发展的眼光看清自己的位置。我列举了2016年浙江省高考录取数据作为佐证：普通高中生源考生和职高生源考生共计30万，本科录取人数15万（录取率56%），985和211录取人数1.67万（录取率5.6%），高职与本科合办专业招生人数3748人。我希望同学们能够明确自己看得见的和看不见的竞争对手。经过四年的看见，能够把自己放在更加广阔的竞争环境中，将会发展出更大的格局。这一点在同学们的考研决策上便体现出来。

在《精进》一书中提到：

一个成熟的人，他的标准来自他的内心，而大多数人，却受环境所左右。一个年轻人，进入一所不那么优秀的高校，对自己的标准会不由自主地降低以适应这个环境，减少自身与环境的冲突，自觉"满意"地度过每一天。

我希望同学们经过大学的学习能够成为一个有影响力的人，能够合理安排好自己的学习时间，以30%的精力应对考试、30%的精力用于有兴趣的科目的延伸学习、40%用于爱好的延伸性学习。在没有明确目标的情况下，可以通过外部环境的考证来验证自己的学习结果，通过有技术含量或有实用价值的证书检验阶段性学习的成果。这个计划似乎已经开始帮助同学们规划大学生活，不因虚度年华而悔恨，也不因碌碌无为而羞愧。直到看了科学哲学学者吴国盛所著的《技术哲学讲演录》一书，我才意识到"知识就是力量"背后所体现的现代性生活模式的权力意志（will to power），即生存下去所需要具备的"有所作为、有进取心、追求效率"的信念。

洋洋洒洒，好不丰盛！现在想来，诸多一厢情愿。试问，毕业临了，多少学生还记得这段精心准备的内容。

学生不是生产线上的机器，而是有创造性的人，价值与幸福是人的追求目标。心理学家利特尔研究过幸福感与个人计划的关系。个体的总体幸福感与个人对计划的控制感、实现目标的无压力感以及坚信目标一定会实现的乐观程度高度相关，即低压力、高控制、高乐观的个人计划有助于提升生活幸福感和满意度的水平。但是我的开头好像恰恰相反——高压力、低控制、偏悲观的个人目标。结果是否让大家找到幸福了呢？

帮困谈话发现学生的可能性

开学后的一项重要工作是帮困，即了解同学的家庭情况，上报困难及特别困难同学名单；该工作需要在2天内完成，是实施学校资助政策的前置环节。考虑到白天要上课，兼学院的教学秘书，真是时间紧、任务重。大学时我也是一位资助对象，申请过国家助学贷款，拿过助学金。回想起当时自己对家庭困难这件事有些讳莫如深、难于启齿，因此联想到这项工作需要兼顾学生的自尊心。综合来看，对于新手班主任，做好这件事有点难，不仅要求效率高，还要尽可能兼顾学生的个人隐私，最好的办法是一对一沟通。逐个了解49名同学的家庭情况，工作量不小，2天时间势必不够，得想个效率高一点的办法。人总是在困难的情况下激发创造力。

我仔细查看了同学们提交的《新生入学登记表》，表格上体现的信息广度类似查户口，信息的深度有限，偏重于事实层面，但是仍然能挖掘出不少信息，比如家庭成员的数量（是否独生子女、是否单亲家庭、是否写上爷爷奶奶，以及父母的年龄、工作）、是否担任过班干、兴趣爱好，甚至学生的笔迹等。经过初步筛选，我找到了潜在的学生帮困筛查清单，大幅缩小了帮困谈话的目标。事后证明这个清单的准确性差不多是90%。

接下来进入一对一沟通。当时同学们还在军训，同样的着装，同样健康的肤色，我更脸盲了，只能通过叫名字找出大家。这次谈话打开了我的世界之窗。学生家庭困难的原因有多种，包括父母劳动能力下降甚至失去劳动能力、单亲家庭抚养者收入不高但对应生活负担重、家里有较小的弟弟妹妹需要抚养、家里存在疾病治疗方面的持续大额开支等。让我惊讶的地方在于学生生命的韧性，试想我处在他们的情境下，很可能比不上今天的他们。当然，这些判断需要脱离世俗的评价标准（财富和地位等）。

国家助学金的申请名额有限，需要有1个同学放弃。当时我没有想出把这个同学选出来的合适方法，程序一时卡住了。既然我决定不了，那就让候选人都坐下来面对面开诚布公地谈一谈，即聊一聊你需要资助的必要性。会后，有一个女生跟我说她主动放弃申请，原因在于另一位同学比她更需要，且她的父母努力努力可以一定程度解决自己的生活费问题。当时的我很感动和感激，感激她帮我解了围，感动于她在利益面前能够勇于放弃。后来我跟这个女生成了朋友。

对班主任信任的一次大考

新学院管理风格水土不服

大一第一个学期结束，学校调整了我所在专业的学院归属，所在专业的教师和学生也同步进行迁移。学生从大三年级订单班学生为主的学院调整到由大一至毕业年级均有的常规学院。两个学院对学生的管理风格有较大差异，原学院大一的学生只有我带，因此学生感受到的是宽松、相对自由的氛围；新学院对学生严格管理，尤其是对本科班学生（管理者认为本科学生应该名副其实，更高的学历对应更高的自我管理，因此在纪律考勤等方面有较高的要求）。一些同学却认为作为本科班学生，应该享受更宽松的管理。

管理风格不适引发了冲突和对立的情绪。情绪反应比较强烈的同学带动了班级情绪，态度的对立演变成行为的对抗，班级同学很难主动参与到新学院的集体活动中。班主任已经被学生默认为学院的代言人、传话筒，如果学生感觉外部环境（管理方）在恶化，那么我之前跟学生建立的关系很可能从信任向不信任转化。如果大部分学生认为自己所在的班级是孤岛，对班级在学校的价值感存疑，从利益角度出发，学生对班集体的信任也会逐渐降低，更别提提升班级的凝聚力了。

当时的我很焦灼，夹在班级同学和学院管理方之间，两头都要兼顾。学生这一头还在适应环境，大环境（学院）和小环境（班级）的安全感尚未建立，强硬的管理制度容易引起强烈的反抗。维稳（稳定的班级情绪）的工作要取得效果，还得建立在学生信任班主任这个前提上。真感觉巧妇难为无米之炊！

各个击破，不怕难，就怕不谈

学生对抗的背后体现的是情绪的张力。表达班级诉求的代言人逐渐涌现出来，这几个同学之后成为班级的意见领袖。准确把握学生当时的思想状态便立刻提上日程。意识到战略重要性，但是战术上略显笨拙。没办法，只能采取一对一谈话的方式来了解。说起来容易，做起来耗时间啊，还只能利用下班时间。下班了班车走了，索性也就放下了。

大一下学期谈完将近30个学生，每个学生至少4小时。时间给你好味道，确实做到了全面把握大概和主体，包括思想和组织结构。这次谈话为接下来的班级管理和氛围建设打下了重要基础。回过头来，庆幸自己当时没有偷懒。

我特意梳理了谈话提纲，整理谈话档案。谈话内容涉及：父母的关系、父母对子女的态度、学习、兼职、爱好、室友关系、恋爱（情感关系）、学习目标、生活习惯、人生规划等议题。每次谈话都有同样的模式——好尴尬的开头，好有趣的人生故事，饶有深意的结局。这也是跟同学们走心的过程，从不熟悉到熟悉的过程。

访谈提纲

日期：　　　　地点：　　　　访谈对象：　　　　学号：

1. 能不能谈谈父母？父母在生活中扮演的角色是怎么样的？是否是独生子女？

2. 是否会与父母分享生活、学习或者思想上的事情？

3. 当你犯错时，父母的态度是怎样的？

4. 在你看来，家长对你有哪些要求？

5. 多久回一次家？主要通过什么交通工具回家？

6. 每个月父母给多少生活费？自己大概怎么安排的？比如买衣服方面/护肤品方面的消费情况？

7. 目前学习状态怎么样？喜欢哪些课程？不喜欢哪些课程？

8. 生活中有哪些爱好？培养了哪些技能？

9. 平时有没有保持锻炼的习惯？最近状态怎么样？

10. 接下来大概就业方向是怎么样的？憧憬的未来是什么样的？

11. 平时有没有去做兼职？

12. 认为自己有哪些优缺点？举例说明。

13. 曾经有没有经历过影响你三观的事情？

14. 加入了哪些社团？主要内容是做什么？希望培养自己哪些方面的能力？

15. 跟同学的人际关系怎么样？

16. 有没有谈过恋爱？如果有，分享下那段经历。

17. 回忆一下高中的学习和生活状态。

典型的访谈画像

1. 关于父母

回答1：爸爸快退休，目前在做汽修零件加工；妈妈在养老院做保洁，也快到了退休年纪；家里有1个姐姐，已经工作。

回答2：爸爸在造纸厂工作，妈妈在纱厂工作。家里由妈妈教育为主，妈妈性格直爽。

回答3：爸爸妈妈都是个体户，一起干装修建材的个体销售经营；爸爸经常外出进货，家里由妈妈管钱，但是爸爸的主见很多；我感觉爸爸妈妈很辛苦，经常起早贪黑。

回答4：爸爸妈妈承包了村里的土地种植葡萄。

回答5：我爸爸曾经当过村长和村支书，给我留了一片山，爸爸有很丰富的创业经历；我妈妈再婚了，现在过得挺好。

回答6：爸爸和妈妈在农贸市场设摊卖水果和蔬菜，家庭关系好，爸爸聪明灵活，妈妈管钱。

回答 7：本地人，爸爸是保安，妈妈在印刷厂工作，平时跟妈妈沟通较多。自己家有四层楼的小厂房出租，租金是家里主要收入来源。

回答 8：爸爸在干装修，妈妈在厂里工作，奶奶平时干点农活、种葡萄什么的；爸爸工作辛苦，皮肤容易过敏。

回答 9：爸爸对我影响最大，他经历丰富，小学毕业后就工作了。爸爸以前开船，现在开货车，帮别人送货。爸爸价值观很正，给我讲很多道理；妈妈初中毕业，是老实人，在超市上班；父母从未打孩子；奶奶有严重的风湿性疾病；爷爷、奶奶、父母希望我做事正派。

回答 10：妈妈做来料加工，爸爸干水泥装修，家里有个姐姐；爸爸会跟我讲道理。

回答 11：妈妈在服装厂工作。

回答 12：我是老来得子，姐姐已经结婚生娃。

回答 13：爸爸在农村，管钱，性格比较沉闷，身体不太好；妈妈在村里，属于话多的人，喜欢照顾别人；家里有个弟弟，弟弟身体不太好。

2. 月生活费

普遍在1500元左右，比较少的在1200元左右，极个别家庭困难的同学低于800元。

3. 如何看待接下来的就业方向

回答 1：网页制作、APP 制作；数据挖掘方向，学习 R 语言。

回答 2：产品经理、商务经理等。

回答 3：考取金融行业的入门证书，准备大二就开始考起来，毕业后回家创业。

回答 4：明确了大二的目标，周末做兼职赚生活费，参加竞赛。

回答 5：希望未来找一份自由、能在家办公、工资可以养家、有前途的工作，有车有房，能够开设摄影工作室，做一个自媒体人。

回答 6：未来是多变的，希望从事金融+编程+互联网相关的工作。

回答 7：希望学校生活充实、自己勤奋，未来能开一家公司，能够过更好的生活。

回答8：希望未来有较高的收入。

回答9：希望接下来走技术路线，做网管之类的工作。

回答10：希望大三时能够去较大的公司实习，大二准备干兼职。

回答11：不在金融领域，想当记者。

回答12：没有方向。

4. 如何看待自己的优点和缺点

回答1：优点是耐心、老实、学习能力强；缺点是对重复性/琐碎性事情不耐烦，表达能力和沟通能力不足，无法教会别人。

回答2：缺点是没有耐心，不能持之以恒，容易受别人影响；优点是人际关系很好，沟通能力较好，认真负责，还分享了10天花50元的故事。

回答3：我是安静、慢热型的性格，不外向，不主动搭讪，但是我有骨气。

回答4：对自己不太有信心，做事喜欢提前准备，有备无患。

回答5：勤俭节约、学习努力。

回答6：缺点是只做有把握的事情，过多考虑后果，瞻前顾后，希望自己变得果断些。

回答7：优点是善于发现别人的优缺点；缺点是野心大过实力，对数学不敏感，没什么纪律性，只对自己感兴趣的事情有行动力，比如健身、看推理类小说等，一般每周看1~2本。

回答8：有坚持体育锻炼的习惯，缺点是不爱学习。

回答9：优点是具有正义感，缺点是不能坚持，很容易受别人影响。

回答10：优点是好相处，喜欢整理东西，有好奇心；缺点是性格不外向，语言表达能力一般，没有自信，不擅长与异性沟通。

回答11：缺点是不喜欢吃水果。

5. 目前加入的社团、希望通过社团培养自身哪些方面的能力

回答1：学校自律、文宣部；培养摄影、视频、海报（宣传手册、节目单）

制作等能力。

回答2：加入学校自律协会，准备大二时退出部门。

回答3：加入院学生会，负责文案编辑、拍照、写新闻报道，尽职尽责。

回答4：加入学校自律的生活服务部，负责检查卫生等，下学期准备退出社团。

回答5：我基本不参加社团。

回答6：加入学校大学生发展职业联合会（校职联）的新闻传媒部。

6.是否有过谈恋爱的经历

回答1：没有谈过，但是有女闺蜜。

回答2：很久之前暗恋过。

通过访谈，获得的班级同学画像如下：

（1）大部分同学的父母文化水平不高，还需要干体力活。比较好一些的是个体经营，比如个体经营建材、配件洗车、卖菜，比较普通一点的是打工（包括保洁、建筑工地、超市、餐馆等），少数同学家庭经济情况比较好；

（2）父母相对比较勤劳，不善言谈，但是学生仍然能够感知到父母赚钱的艰辛以及父母对子女的没有直接表达的爱。有一个女生甚至在沟通的过程中情不自禁地哭了；

（3）学生普遍都比较聪明，高中时大部分同学不爱学习，但是一旦用心起来，学习对他们来说不是很难。

掌握了（2）的情况，我心里就有底了，对大部分学生也有了重点关注方向：针对喜欢学习的同学引导学习方法和学习领域、培养批判性思维等；有些学生不喜欢本专业，但是有自己的兴趣领域，那就支持，班级活动让他们来组织，我出一些经费，推动活动成行；有些学生比较内向，没有明确发展方向，那就多聊聊，打开思路，有个信任的人也好啊。

我把全班同学对上号（名字和本人）差不多用了一年的时间，对上号的技巧是用他们的人生故事去记忆。到现在为止，我能够对绝大部分同学的经历和性格特征如数家珍。此外，这次谈话还揭露出一些同学在高中阶段的人际关系模式，这为后期管理好意见领袖（KOL）打下基础。

走近同学们，从走近他们的过去开始，才有可能从了解、理解走向共情。这一次深入聆听的效果在于，我不再是他们认为的带着老师标签的陌生人，而是可以坐下来聊聊天的人。我还产生了一个信念：相信这个班的每个学生都有可能性。不管他来自什么样的家庭，他都是带着故事来的，通过他的故事，我能够感受到他的尽力而为，可能这个尽力而为的时间有长有短；我相信每个学生都想成为更好的自己，这颗向上之心尤为宝贵。如果因为我的不恰当言行而影响了这颗向上之心，我想我会遗憾一辈子；但是如果因为我的某一个恰当言行让这颗向上之心燃烧得更旺，我想我做了一件好事。

谈话工作进行到后期，我更感自己身上的责任重大，也感受到自身的成长空间。不知哪一天开始，体悟到"师范"二字的深刻内涵——"学为人师，行为世范"。

选 班 委

　　班干应该是班级的先锋队，是班级优良学风的一面旗帜，是同学们成长路上的表率，也是班主任管理班级的好帮手。好的班委会成为班级的核心力量，对班级凝聚力和学风的走向将起到重要影响。优秀的班干将会成为普通同学们学习的榜样，而班干的不恰当言行举止会成为普通同学不遵守学校管理制度的某种借口。因此从一开始确定班委数量到班委选举流程等细节，我尽可能优化，力求选出合适的班委。没有最好，只有更好。经过多次班委选举，我总结出如下的经验。

浓缩的班干名额

　　选班委之前需要告诉学生可选名额。按照学校的要求，每个行政班需要选举出8~15人，即班长、副班长、团支书、副团支书、组织委员、宣传委员、学习委员、纪律委员、生活委员、文体委员、心理委员、安全委员、技能委员、淑女委员等。每个岗位都是基于特定的行政功能进行的角色分工，对接学校学工线的特定部门。根据《学生手册》的规定，担任班干可以在学期综合测评时获得加分，这可以算是实实在在的物质激励。我担心不同岗位工作量有别却拿到相同的物质激励结果，会导致部分班干内心不平衡，从而影响班级服务的责任心。

　　不患寡而患不均，不患贫而患不安。

——《论语·季氏将伐颛臾》

　　考虑到每个班级约25人，管理学上强调的有效管理幅度为8人，因此每个班级实际的班干人数为4人左右。最后确定为每个班级设5个实际班干，一个班干兼任多个岗位，有效岗位为班长、团支书、学习委员、文体委员、生活委员，其他岗位兼任。

从形式公平角度思考班委选举的流程

在行政管理学中，管理者的产生有从上至下的指定和从下至上的民主选举产生两种流程。对应到班干产生来看，即由班主任指定或直选。

第一种：班主任指定班干

我在初中求学经历中，曾被班主任直接内定为班长，由于没有得到其他班委的认同，在班级管理过程中引发了不小的冲突，为后续管理带来了难度。发生这种情况的核心原因在于我的成绩处于班级中上游（7/45），在成绩方面没有绝对竞争优势，在其他方面更没有什么影响力了。总之，如果班主任指定的班干没有号召力，虽然形式上起到班级管理作用，但实际上不利于管理功能的发挥。

当班主任对有意向的学生了解比较全面时，他的推荐将能够提升选举的效率，可能能够更容易找到合适的班干。由于我对当时的同学都不了解，这种方法无法有效实施，因此未采用该方法。

第二种：直选

这是大一选举班干采用的方式，把竞选岗位写在黑板上，想竞选某岗位的同学在该岗位下写上自己的名字，然后发表3~5分钟的竞选演讲。当所有同学演讲完毕，开始投票。统计出每一个岗位下面得票最高的竞选者，视为成功竞选该岗位。这种方法时间相对集中，能够很快产生班干人选。

班委成员确定并运行了一段时间后，我很快发现了这种方法带来的弊端。

第一，班长对班风影响很大。1班的班长在竞选班干成功后的一年里，多次迟到早退、违反纪律，在学习上处于班级中下水平；而2班的班长在竞选成功后的一年里，能够保持良好的自律学习习惯，通过3年的不懈努力，最终考取硕士研究生，但是他的精力更多放在自身的学习和成长上，对班级公共事务的引领上投入比较少。1班的学习风气比较散漫，2班的学习风气比较好。

第二，适合当班干的同学没有被选出来。因为在大家互相不熟悉的情况下，投票更多看现场演讲发挥，即投感情票，不擅长表达的同学会处于劣势。

第三，部分被选上的班干投入班级管理的时间比较少，精力更多放在学校层面的社团活动中。

俗话说：兵熊熊一个，将熊熊一窝。当时我内心很焦灼，苦恼于班风发展和承诺的班干任期的冲突。最初承诺班干的任期是一年，算是给自己留下了后路。

班干角色再反思

这段尝试让我开始思考在落实班干榜样责任的诉求下，应该综合考虑哪些综合因素。除了民意（投票），竞选者自身的品德、学习习惯、学习能力、为集体服务的意识、可投入的时间等都会综合影响班干工作的效果。

班长、团支书工作量最大，是班级对上和对下的重要节点，是班级的主心骨。班级同学对其德与位的匹配有期待。德至少包括公德、私德，前者指诚信、敬业、友善、和谐、奉献精神等，后者指能够坚持学校的管理制度、杜绝迟到旷课、能够保持良好的学习成绩等。通过公德和私德两方面，在日常生活中培养并树立自身的影响力，让同学们心服口服。

学习委员的工作量较班长、团支书少一些，负责对接有关学院教学线相关的事项通知等，相对来说需要本人做事细心、能够保持良好的学习成绩，同时有较强时间观念，尤其是对于竞赛报名等活动，能够及时提醒和收集材料。

纪律委员的工作量虽然不大，但需要如实记录和上报班级同学的迟到旷课情况，容易得罪人，因此该同学需要有非常优秀的品德和强大的内心。

文体委员主要是有艺术特长的同学，需要能够号召班级同学积极参加运动会、文艺活动等；如果报名人数不够，还需要起到顶上去的作用。

生活委员主要负责班级班费的收支管理。这是个细致的活，但是不挑人，男生女生皆可。

心理委员需要上报班级心理情况，工作量比较少，需要本人细致，最好具备共情能力。

安全委员主要负责班级的安全情况上报、组织防诈骗知识学习等，工作量比较少。

可见，处于不同角色的班干所需要的德智体美劳各方面因素有差异。如果按照岗位工作量及对班风影响程度等因素进行划分，根据经验得出如下表格（1表示最低，3表示最高）：

岗位	岗位工作量	责任心影响力	对班风影响程度	个人影响力	学习成绩影响力	自律影响力
班长	3	3	3	3	2	3
团支书	3	3	3	3	2	3
学习委员	2	3	3	2	3	2
纪律委员	2	3	3	2	2	3
生活委员	1	3	2	1	1	1
文体委员	1.5	3	2	2	1	1
心理委员	1	3	2	1	1	1
安全委员	1	3	2	1	1	1

在大二选班干时我精心策划了流程，在对同学们有数的情况下，开始了班干队伍的优化，主要包括将合适的人换到合适的岗位，让不合适的人退出，动员合适的同学加入等。比如，1班的班长退出，2班的班长调整为学习委员；1班的团支书继任，2班的团支书调整为班长；文体委员由于参加学校的社团活动，精力顾不上班干工作，所以退出。在动员一些我认为合适当班干的同学时，遭到了对方的拒绝，内心虽然不舍但仍然尊重他们的选择。

班委的行政管理建制算是顺利建立起来。后续班委的换届比较顺利，具体人员都比较称职，获得班级同学的理解和认同。

　　班委就像班级土壤里的主根。当他们吸收到充足的养分后，能够反哺周围的同学。合适班干的涌现需要安全且值得信赖的环境。时间给班级好味道，最后确实如此。这些发自内心有意愿为班级付出的同学，拥有服务他人的责任心，这是个人向上之心的一部分，这种向上之心尤为珍贵。

班干能力提升培训

历时 6 小时的培训

大一新一届班委确定后，岗位人员到位了，但是班级管理能力有待提升。我陆续听到一些关于班干不作为的反馈。看来需要来一次提升班干能力的培训了；如果一场培训不行，就来两场吧！

那次培训留给我的印象太深刻，历时6小时，从16点到22点。由于用嗓过度且尚未掌握科学用嗓方法，到最后我嗓子都哑了。这一次培训也留在了与会班干的记忆里。好遗憾，当时没有留下合影记录这一历史性的时刻。

我将培训的主题定为：不忘初心 方得始终。现在想来，当时应该正在开展党员不忘初心的学习教育活动。

没有人不爱惜生命，但很少有人珍惜时间！

——梁实秋《时间即生命》

整个培训分成了"工具篇""团队篇""个人篇"三个部分。我希望班干用逐步递进的方式去理解培训内容。

班干们先做了职业性格MBTI测试，然后根据测试的结果进行分组。实际上，当时我并不清楚该工具的分类原理，两年后才开始系统化学习优势和性格测评工具的解读。按照3人一组的方式，将同学们分成了四组。这里面有1位同学实际不是班干，但胜似班干。冥冥之中，这个同学一直承担着班干的角色。

"工具篇"介绍了思维导图及Xmind工具的使用。了解相关知识后，通过任务实践的方式提升同学们系统化、条理化的逻辑思维能力。介绍该工具的目的是希望班干后续策划活动方案时能够以思维导图的方式去组织关键内容。这个环节算是思维热身，为接下来的团队合作环节做准备。

不放弃，不抛弃！

——电视剧《士兵突击》台词

在"团队篇"里，我选择了同学们都没有玩过的"沙漠求生"拓展游戏。我给每个同学发了一份纸质素材，说明了以小组为单位的团队生存目的，然后大家按照步骤指引完成任务。

第一步：独立思考，不允许讨论，在5分钟内列出应取物品的先后顺序（编号为1~15）。

物品1：手电筒（4节电池大小）

物品2：迫降区的地图

物品3：每人1升水

物品4：降落伞（红白相间）

物品5：每人一副太阳镜

物品6：磁石指南针

物品7：手枪和6发子弹

物品8：书1本，书名为《沙漠里能吃的动物》

物品9：塑料雨衣

物品10：每人1件外套

物品11：1升伏特加酒

物品12：急救箱

物品13：折刀

物品14：一瓶盐片（1000片）

物品15：化妆镜

第二步：假设机上幸存者与每个小组的人数相同，幸存者选择共进退，不会分开各走各路。开展小组讨论，在15分钟内列出全组应取物品的先后顺序。

第三步：使用专家的结果C与个人结果A、小组结果B进行比较，即C与A的差值求和、C与B的差值求和，分别得到误差D、误差E，表示个人得分、小组得分。误差越小表示生还可能性越大。"沙漠求生"大结局如下表所示：

分数	结论
00~25	杰出
26~32	优秀
33~45	良好
46~55	及格
56~70	有少许生还希望
71以上	没有生还希望

第四步：开展组内分享。分享要点包括：

- 各组（团队）有否达成一致结果？
- 最终达成的前5项结果如何？理由是什么？
- 团队内部有无不同意见？如何处理不同意见的？
- 个人意见和他人意见冲突时，是如何处理的？

我希望引导同学们思考"选择比努力更重要！"当时大家讨论得相当激烈，大家都很投入。

走近对方的生命故事

我想我是带着优势的积极视角来到同学们面前，用自己不一样的眼睛去发现他们的闪光点的。我分享了一本在沟通模式方面影响我一生的书《鲸鱼哲学》，其核心观点是：

- 猫捉老鼠——专挑别人做错的事。
- 鲸鱼哲学——关注别人做得正确的事。
- 越去注意某种行为，这种行为就越有可能被重复！
- 注意力就像阳光一样。我们注意什么，什么就会生长；我们忽略什么，什么就会枯萎！

同学们需要相互了解对方的人生高光时刻。这个部分设置的主题是：**个人成就和他人眼中的你。**

任务设置：每个同学思考 10 分钟，在白纸上写出到目前为止自己人生中的 5 件成就事件。

10 分钟结束后，我讲解了团队合作讨论的注意事项。团队中有时间管理、记录、陈述、归纳汇总、主提问者等角色，每个角色各司其职。引导同学们使用三段论提问法：做了什么？做得好不好？为什么做得好？

个人实践任务结束后，进入团队实践任务。将与会者分成 4 个小组，每个小组 3 个人，讨论时间 15 分钟。每个小组需要选出 1 个组长（leader），由组长陈述小组每个人最棒的 2 件事，然后小组共同总结出小组内每个人的性格特点。

本环节的目的在于相互了解，同时刷新班干的共同认知：原来她或他曾经那么棒。有一个女生认为自己最棒的事情是就读中专学校时坚持打扫学校操场三年，这个行为源于一位让她很敬重的老师的影响。她希望自己大学毕业后能够回到中专学校去当老师，回报自己的母校。其他同学分享了自己如何考上大学的经历。共同的信息在于大家在高一、高二没有很努力，甚至贪玩，但是高三发现中职生源有机会考上本科后，开始发奋学习，最后确实拿到比较好的结果。而我看到这些同学身上的那股爆发力。

经过这个环节，班委之间熟悉一些了。这个熟悉来自了解了对方的一些生命故事，以及引发的尊重或敬佩对方的情感。在深入了解对方生命故事的过程中，看到对方的现实环境制约因素以及想达到的目标。这是一个重新认识对方以及重新认识自己的过程。

刻骨铭心的一次班会

一场由颁奖仪式引发的班会

回想起来，这件事的导火索可能是件小事，但其中蕴含的温度引起了我的注意。

事情的起因是在一个周二的晚上，学院举办了2017学年针对学生的颁奖仪式，所有大一的同学作为观众参加。我所带的班级获得优秀团支部等集体荣誉，有2个班干作为班级代表上台领奖。我感受到观众席上的班级同学对班级所获得的荣誉无动于衷，好像这跟他们没有关系。颁奖仪式结束后是文艺晚会。金工16级有2个同学上台表演朗诵节目。台下的同学们则在班级微信群讨论班级某同学给台上表演节目的一个女生拍的照片。微信群的气氛有点朝着埋怨和起哄的方向发展，甚至还出现了"肥××"的措辞。可能由于照片拍摄角度和技巧的原因，原本长相还不错的同学被拍得有点胖。

我感觉非常不妙，害怕刚刚在3月7日女生节建立起来的兄弟姐妹情遭到破坏，内心暗暗觉得需要来一场班会（思想教育）了。班会的关键词我都想好了——非暴力沟通。

精心准备温暖的"肯定"

为了让同学们更好地了解他人肯定所带来的温暖，我精心准备了班会PPT，主要内容包括同学们自己看到自己的状态、我看到的同学们的进步，以及他人所给予的积极评价。

关于同学们自己看自己的部分，我采用填写问卷的方式收集信息，问卷设计的问题是"大一过得怎么样"。从回答中可以看出大部分同学大一这一年过得比较忙碌，但是仍然迷茫，想学习但行动力不足，没有在学习中找到成就感，也没有清晰的奋斗目标。同学们对于未来工作的畅想有画面感，但是更多是从收入水平、时间充裕度、工作稳定度等角度考虑。如果把当下作为起点，实现这样的目标还有一定距离。

回答	使用3个关键词形容大学这一年自己的表现			使用3个关键词形容自己想要的未来工作是什么样的		
	关键词1	关键词2	关键词3	关键词1	关键词2	关键词3
回答1	忙	很忙	非常忙	摄影	视频制作	后期处理
回答2	好	很好	这真是极好的	想做的	要做的	爱做的
回答3	舒服	自由	寻觅	高端	大气	上档次
回答4	时好时坏	状态	心累	高强度	高工资	高待遇
回答5	迷茫	忙碌	碌碌无为	管理	策划	赚钱多
回答6	丰富	忙碌	懈怠	喜欢	适合	恰当
回答7	迷茫	平凡	懒惰	简单	幕后	轻松
回答8	还行	就那样	不错	一般	可以	过得去
回答9	躺	水	咸鱼	低调	奢华	有内涵
回答10	累	困	烦	一般	一般	一般
回答11	想家	无聊	一点点充实	离家近	工资高	假期多
回答12	忙碌	不突出	平和	充实	有趣	钱够用
回答13	平常	勉强	纠结	轻松	喜爱	自由
回答14	忙碌	迷茫	累	IT	管理	计算机
回答15	天文社	四月初六	酱油粉丝后援团	漫画家	漫画家	漫画家
回答16	忙碌	迷茫	追求	有趣	自由	技术
回答17	枯燥	瞎忙	差	钱多	假期多	工作少

续表

回答	使用3个关键词形容大学这一年自己的表现			使用3个关键词形容自己想要的未来工作是什么样的		
	关键词1	关键词2	关键词3	关键词1	关键词2	关键词3
回答18	开心	充实	乐观	管理	技术	热爱
回答19	充实	向上	快乐并痛苦	信息化	高效率	快节奏
回答20	学习过得去	工作完成好	刻苦	互联网	设计	编程管理
回答21	混吃但是不等死	do as I like（随心所欲）	滋润	时间自由	空间自由	体面挣钱
回答22	一般	空闲	空白	高薪	轻松	舒适
回答23	平凡	普通	无亮点	开心	轻松	适合
回答24	到处跑	很自由	不知道在干啥	播音，主持，朗诵	心理咨询师	导游
回答25	迷茫	很忙却不知道为啥忙	上课听得累	编程	不晓得	不晓得
回答26	迷茫	浑浑噩噩	自甘堕落	专业相关	轻松一点	其他无所谓
回答27	忙碌	进步	慢	思考	自由	创造
回答28	混	想改变	没行动	开心	好好过	平淡
回答29	勤奋	迷茫	瞎忙	自由的	金融行业领域中的	一定是我喜欢的
回答30	累	充实	学会改正	适合自己	自己感兴趣的	让自己开心的
回答31	混日子	平凡	迷茫	轻松	银行	适合
回答32	学习	懒散	玩	设计类	稳定	独特
回答33	无聊	虚度	划水	赚钱多	摄影师	前端开发

续表

回答	使用3个关键词形容大学这一年自己的表现			使用3个关键词形容自己想要的未来工作是什么样的		
	关键词1	关键词2	关键词3	关键词1	关键词2	关键词3
回答34	迷茫	想学但没实际行动	没方向	时间安排合理	金融	互联网
回答35	无聊	得过且过	平凡	适合	让家人满意	计算机
回答36	平凡	沉默	忙碌	充实	兴趣	回报

本次班会，我的初衷是希望同学们建立一些目标，尤其是学习领域的目标。适合自己的目标是个性化的，因此我希望引导同学们通过他人的肯定发现自己的优势并不断强化。从班级同学出发，积极正面地客观肯定对于自身的准备定位是非常重要的过程措施。

当时我认为只有你被看到、被肯定，才有可能说明某一方面或某一个细节做得好，也许这方面恰恰是自身特长的体现。有了同学们看到自身状态的问卷作为铺垫后，我列举了我刻意观察同学们日常行为的清单，希望给他们一些看待自身和他人优势的新视角。

XiaoXia：曾经鼓励过ChaoJie，他印象很深刻。

Meng：周末协助我完成了工作上的一些事。靠谱，感觉比以前有自信。

XiaoPing：很坦诚地跟老师沟通了2小时，有责任心。

WenYing：能撑场面的女生，敢于付出，坚持了朗诵的特长。

JianQiang：强哥，太低调了，下次我们两个聊聊。

DaLong：比较负责。看好你，但是希望你能遵守学校的考勤制度。

YiFan：记得晚上12点你传给我，你花了1周做的视频。虽说还有提升空间，至少我们看到成果了。

ShuYi：好好学习，希望这学期实现零挂科记录。

GuoQing：挺棒的小伙，希望宠辱不惊，坐看庭前花开花落。

29

WenJie：比较认真，表面看上去吊儿郎当的，但沟通能力不错。

JingJing：同学反馈你很有气场，说我被你的表面所欺骗了。

YaHui：你考了全年级（金工16级）第一名，我很惊讶。除了这个，还有没有其他的亮点呢？

JiaLin：记得你在班级活动中，一个人撑场面。做事三分钟热度，坚持下来有点难。

BaoQing：成绩好，能坚持，独行侠。

JinHuan：请假多次，但是听说PPT做得很好，英语也很好。

JiaJing：听说做板报做得不错。

JiaoJiao：找我多聊聊，听说游戏玩得不错。

TuTu：找我多聊聊。

Fang：多次照顾同学去医院。学习认真。

JunJie：低调。

YunChao：靠谱的人，男子汉，愿意帮助同学，就是不能好好学习。

LiPing：很合群，和男生玩得来。

XiBing：自带喜感。

Tao：认真，几乎没有迟到和旷课。

JiaYi：认真，努力，勤俭节约。

Ting：漂亮，至少有2次照顾同学去医院。

WeiFang：我找你多聊聊吧。

NanYan：每天都能在你的朋友圈看到你转发的文章。

Shao：听说加入了学校菁马班，非常厉害，能说会道。

MinJie：做事认真，挺愿意付出。

BeiBei：做事挺认真，前提是跟你利益相关。

XuJiang：我找你多聊聊吧。

MingHui：其他同学说诗写得不错，有才华。

Yi：找我多聊聊。

YanPing：做事能力不错。

Xu：迟到较多。

Xiang：其他同学说你深藏不露，说你有前途。

WeiWei：其他同学说你爱学习，很认真，逻辑分析能力不错，但是你有点辜负了班长这个岗位。

Fan：在电话里聊过2小时，聊哲学，跟我说在看心理学的书，不知道结果咋样了。

Qi：爱摄影，但是我还没看到过照片的水平。谢谢你每次都自动作为班级"摄影师"为其他同学拍照。

TianYi：其实人还是有内涵的，还是需要找你聊聊。

HuiHong：在社团干得不错，没有给老师添麻烦，挺好。

JunHao：长得还帅，其他再聊聊。

ChaoJie：目前班级中少数勤奋的男生，还不错。

Fei：挺有勇气，在推优过程中，勇于推了"樊同学"一把。

Nan：自带喜感，总给班主任以惊喜。

MengJiao：全班同学中，我第一个见的就是你，漂亮。

然后让同学们提交了第2份问卷：谈一谈最近一次被认可的经历。

回答	最近一次被认可或肯定的时间距离今天有多久？	最近一次被认可或肯定是来自谁？	最近一次被认可或肯定是因为什么事情？	最近一次被认可或肯定后，你有什么样的感受？
回答1	昨天	非同学关系的朋友	说我人很好	开心
回答2	最近1周	非同学关系的朋友	心理剧主持	胆子是练出来的
回答3	昨天	初中同学	帅	为什么还要说这种废话呢？
回答4	昨天	非同学关系的朋友	我太厉害了，是全能类型	膨胀了
回答5	最近3天	非同学关系的朋友	帮别人一个小忙	太平常

续表

回答	最近一次被认可或肯定的时间距离今天有多久?	最近一次被认可或肯定是来自谁?	最近一次被认可或肯定是因为什么事情?	最近一次被认可或肯定后,你有什么样的感受?
回答6	最近1周	大学老师	部门工作	还有待提高
回答7	最近3天	大学班主任	保密	还不错,有点开心
回答8	昨天	非同学关系的朋友	工作方面得到认可	习惯了
回答9	1年以上	非同学关系的朋友	不存在	毫无意义可言,幼稚
回答10	最近1个月	非同学关系的朋友	制作	满足
回答11	昨天	男朋友/女朋友	晚会音控做得好	挺开心的,很有成就感
回答12	最近3天	大学老师	帮徐珍珍辅导员做Excel	嗯哼
回答13	最近3天	非同学关系的朋友	声音……	继续努力
回答14	昨天	非同学关系的朋友	保密	值得付出,带人不易
回答15	最近1周	大学老师	部门毅行活动,起到了负责人的作用	正常
回答16	昨天	高中同学	加小夏说我很棒	因为很熟,也没什么感受
回答17	最近1个月	大学老师	唱歌	很开心
回答18	昨天	非同学关系的朋友	我忘了	—
回答19	最近3天	非同学关系的朋友	信息系晚会上的朗诵	感觉付出是值得的,得到了大家的认可

续表

回答	最近一次被认可或肯定的时间距离今天有多久?	最近一次被认可或肯定是来自谁?	最近一次被认可或肯定是因为什么事情?	最近一次被认可或肯定后,你有什么样的感受?
回答20	最近1周	非同学关系的朋友	因为我嘲讽能力强	反省自身的缺点
回答21	最近1个月	大学老师	英语老师	高兴又惭愧
回答22	昨天	大学非同班同学	拍照拍得不错	心情不错
回答23	昨天	非同学关系的朋友	陪樊君艳出去拿夜宵	—
回答24	昨天	非同学关系的朋友	想去支教	挺好的,但是父母不同意啊
回答25	昨天	大学同班同学	生活小事	美滋滋
回答26	最近3天	大学同班同学	打游戏	还好
回答27	最近1周	非同学关系的朋友	找剪辑素材	挺平常的
回答28	最近1周	大学同班同学	帮助别人	开心
回答29	最近1周	大学老师	认真	比较开心
回答30	昨天	男朋友/女朋友	鼓励我同桌做了一个选择	欣喜若狂
回答31	昨天	大学同班同学	唱得都有假音了,不错嘛	希望演唱会能成功!
回答32	最近3个月	大学老师	上课回答问题	开心
回答33	最近1个月	大学老师	对某事有独特见解	很高兴

续表

回答	最近一次被认可或肯定的时间距离今天有多久？	最近一次被认可或肯定是来自谁？	最近一次被认可或肯定是因为什么事情？	最近一次被认可或肯定后，你有什么样的感受？
回答34	最近3天	大学同班同学	帮助受伤同学	开心
回答35	昨天	大学同班同学	我太强了	很开心，希望加晓夏同学每天都夸我
回答36	最近3天	非同学关系的朋友	勇于承担责任	产生紧迫感，有了一丝感悟
回答37	最近3天	大学班主任	拿了团学骨干，被班主任肯定了	很开心，再接再厉
回答38	最近1年	高中老师/初中老师/小学老师	成绩	觉得自己还是很棒的

从第2份问卷回答可以看出，绝大部分同学在最近1周内因自己的实际行动被他人看到而获得肯定，同时感受到被肯定很开心，觉得自己很棒。

两个问卷的设置在于从起点到未来的就业愿景，再回到从肯定中找到自己的成就感，从他人的肯定中获得自我确信。从流程设置来说，点燃大家的情绪，令同学们能够接受接下来的批评。这就是所谓的胡萝卜加大棒。

冲突高点到来

一切铺垫就绪，就剩下最后的主题"我们应该如何更好地与他人沟通"。我提到了最近看的《非暴力沟通》一书，引出除了暴力沟通，还有"非暴力沟通"的议题。

也许我们从未想过和"暴力"扯上关系，不过稍微留意现实生活中的谈话方式，并且用心体会各种谈话方式给我们的不同感受，我们会发现，有些话确实伤人！言语上的指责、嘲讽、否定以及任意打断、拒不回应、随意出口的评价和结论给我们带来的情感和精神上的创伤,甚至比肉体的伤害更加令人痛苦。这些无心或有意的语言暴力让人与人之间变得冷漠、隔膜、敌视。

——《非暴力沟通》

我也说明了这个话题的起因来自在前几天学院晚会上发生的2件小事:①2个同学代表班级去领取班级荣誉。我们班并没有人给予肯定和鼓励,我感受到大家的无动于衷;②因一张拍得不是很好的照片引发的班级微信群吐槽。这两件事让我看到同学们沟通中存在的问题。可能说者无心,但是听者有意。这是不经意间发生的"暴力沟通"。当我对同学们习惯的这种沟通方式进行严肃的定性后,很快引起了同学们的情绪反抗。

当事人对第二件事的辩解在于:他们之间有很好的友谊,相互开玩笑习惯了,并不是我想的那样。有可能我太想说服他们,说服他们去认同我的观点,但是同学们丝毫不认为我是正确的,气氛很快紧张起来。而我没有经过理性思考,在头脑发热的情况下,说出了一个不应该说的秘密(同学们的小报告),一下子让对抗的情绪达到顶峰,气氛僵持。我万分后悔,这让同学们对班主任产生了信任危机。一个同学质问我:"老师,为什么我们要按照你说的来?"细细品品,是否可以转换成:为什么我们要成为你?

不知道如何离开的教室,开车回家的路途也感到从未有过的漫长。感觉很难受,就像胸口塞着一块大石头,吐不出来,呼吸不畅快,还好最后安全到家。那一晚我为我的执念而后悔,在对方没有伸手求助的情况下,我把手伸出去,以为对方真的需要。脑海当中不断回响"为什么我们要成为你"的质问。是啊,为什么同学们要按照我认为正确的方式来,难道只有唯一的正确标准吗?为什么不尝试相信他们,相信他们真的是在开玩笑呢?

我害怕对立的情绪让我和同学们之间好不容易建立的信任顷刻消失。我需要采取缓和对立情绪的行动。我在班级微信群里发出一条信息,可以说是道歉的信息，内容包括事情的经过和我的想法、我的行为，以求得大家的理解。等信息发送完毕，我胸口堵着的那口气慢慢散开。那一刻我想，只有坦诚才是重建信任的关键。

难受的夜晚终将过去，这一天成为我成长的里程碑。我抛掉高高在上的导师形象，不再执着于同学们应该如何成为我心目中的样子，尝试离他们更近一点，去了解他们认为更好的样子是什么，以及在这个过程中我可以提供什么样的支持。成长的目标应该由他们自己去主导定义，而不是由我去定义；充其量，我只是个推动力或者催化剂。

回想当时产生冲突的班级微信群内容，我想我可能对某些词汇过于敏感了，还妄想寄托于一场班会调转风向。那时候我可能真的太想给予同学们肯定了，貌似肯定的语言可以成为他们成长的燃料，让他们内在的积极向上之心燃烧得更旺，同时担心他人的负面评价让他们内心之火熄灭。那时候我应该很用力，试图用外力去扭转我认为会发生的大概率事件，只是为了去保护那脆弱的火苗。还好，最后他们给了我答案，成长为他们愿意成为的样子。

不断打补丁的请假制度

请假制度引发了我对班主任权力的深刻反思。我自身也经历了从文本理解（《学生手册》）到权力理解的进化，即从形式管理到实质管理的转变。

先说明请假制度的重要性。按照《学生手册》之规定，学生顺利毕业的前提条件是：①修满对应人才培养方案规定的学分；②重修数不超过10门等。学生因旷课被退学的前提是本学期有1/3以上的课时旷课；如果学生有合理假单，那将不被视为一次旷课。旷课是违规，被批准的请假是合规。因此，批假应该是班主任最大的实际权力之一。

学校有非常明确的请假规定，最初我带领学生一起认真学习过该规定。但是该规定对于合理的请假与不合理的请假并没有明确的区分，"合理"与"不合理"因情境而异。有些是明显的比较合理请假，符合公序良俗、人之常情，比如有医院证明的病假、家里直系亲属过世等。但仍然出现了一些不符合请假规定的申请，比如女生痛经在宿舍休息、点外卖吃坏肚子、家住本地的女生在被家长一早送来学校的路上车抛锚了、跟一个男生关系很深的旁系爷爷去世、胃痛老毛病犯了、家里侄女没人照顾等。这些请假由于很难远程得到核实，给我造成了"是否应该批"的困惑。有一些请假的合理性似乎在班主任的一念之间。

请假趣事

有一天，TuTu来找我请假，请假原因如下：早上五点左右，我睡觉时头顶方向有小鸟叽叽喳喳个不停（可能是宿舍床铺上方空调管道的墙里有个鸟巢），导致我心态有点崩，严重影响了我的睡眠。但是我不能残害小动物，所以我决定这周末买个耳塞以便解决这个问题，一定不会有下一次。

最初，基于对学生的信任，我采用了较为宽松的请假政策。试行一段时间后，我发现批假成为部分学生逃避旷课处罚的手段。其他遵守规则的同学直接或间接地向我抱怨了关于请假规则的差别待遇。这就是经济学上说的"劣币驱逐良币"现象，最后市场上只剩下劣币。遵守规则和不遵守规则的人得到了一致待遇，于是，更多同学会选择打破规则，这样做的理由在于：既然他旷课可以批假，为什么我旷课不可以。

最初，请假流程没有电子化，需要走纸质流程，导致统计汇总不及时。大一阶段，班级内部存在的隐形冲突跟同学们感受到批假不透明有关。我想，只有公开，才有可能保持公正。我统计每次请假的相关信息，包括请假原因、请假时长等，在月度班会上，定期公布上述信息。一定程度上，这让遵守规则的同学理解我尽可能公正地执行批假制度。这时，大部分同学的思想还停留在利用制度的漏洞给自己创造价值的阶段。从更底层来思考，大部分同学会认为班级同学是他的竞争对手，而不是学习伙伴。想想，奖学金名额有限，僧多粥少。请假背后折射出学生对个体利益的关注，是班级个体谈集体利益（集体凝聚力）的前提条件。

宽和严的界限在哪里？

如果严格执行请假制度，所有不符合《学生手册》规定的假单都不予批准，学生会认为老师很严肃，甚至古板。长此以往，学生会对班主任形成刻板的印象——"找班主任批假很难，一般请假都不会被批准"。极端一点，学生可能会选择不请假而直接旷课，或者使用其他合规的理由代替真实的请假理由。这些方式会导致班主任无法掌握学生的真实情况，从而带来更大的安全隐患。

如果放宽请假批准尺度，会让请假制度流于形式、摆设。既得利益的学生不尊重制度，没有得到利益的同学会感觉不公平。有时候学生感觉到的差别对待会成为班级凝聚力的裂缝。

曾经遇到一个同学向我请假，理由是"明天（周六）要参加一项以证代考的课程考证，但是我之前忙于辩论队的事情，没有时间充分复习，所以我想今天下午三节英语课请假，好安排时间去复习"。我最终没有批假，原因有二：第一，考证的时间安排1个月之前已经定下来，不是突发的安排，她本身已经在考证和自己的兴趣之间做了时间和精力的取舍，属于自主选择的结果。当下她面临的风险在于因复习时间不足导致考证不通过，所以选择通过请假的方式来对不上英语课合理化。在我看来，她需要承担因自己的不合理安排导致的行为后果，因此批假理由不合理；第二，如果我同意批假，意味着我需要承担这次请假许可背后形成的新的请假潜规则，即同学们可以通过请假的方式在一定程度上规避因自己不合理的安排导致的后果。这并不是我的初衷，应该也不是请假制度的初衷。我希望引导同学们从意识上和行动上做到主动为自己的行为承担责任，所谓"敢作敢当"。尽管这个同学最后以会为这次请假保密为由，做最后的挣扎，我仍然委婉地拒绝批假。我也敢做敢当，对每一个同学一视同仁，在批假尺度方面，也需要做到一视同仁。

所谓"宽严相济"，不亚于一门艺术。在执行请假制度过程中，我不断打补丁，修复因自己的标准不统一导致的系统漏洞，在宽和严之间找到平衡，力求从形式公平走向实质公平。这个过程让我体会到管理者与管理制度的离与合。当管理者充分把握好管理对象的行为动机后，能够更加艺术地运用管理制度，提高管理效果，促进管理对象对管理行为本身的理解和支持，实现管理者借由管理制度实现对更多管理对象的高效率管理，甚至有可能实现管理对象的自我管理。

回过头来，我最初选择宽松执行请假制度的无意识行为意味着什么？

当我看到管理的价值和管理制度作为工具的价值后，我看待制度的态度由感性走向理性。这是一种理性的成长，是一种来自实践的反思。我开始问自己：为什么最初我会选择宽松执行请假制度，这个无意识行为的背后所体现的价值和模式又是什么？这是一个抛给自己的很棒的提问，让我有了之后成长的新可能。人不能两次踏进同一条河流，我只能尽可能客观地用"果"去推断"因"。

最重要的"因"可能是自律带来自由的潜意识。当时我正处于适应学校管理方式阶段，我仍然在用自身教育背景以及自律习惯的特征去看待甚至要求我所带班级的学生。孔子提倡因材施教，我可能最初认为我的学生应该跟我一样爱学习、遵守学校规则，同时他们应该自由享受大学生活。法律上自由的概念是建立在一定规则基础上的，在大家都遵守规则的情况下，大家都能够享受自由。换句话说，大家都严格遵守请假制度，那么考核结果值得信赖，奖学金评定结果也值得信赖，个人付出对应到可能的结果也可预期，总之，个人的自主付出是自由选择的结果。

反思现实中我所带班级的学生特征，包括学习意愿、学习能力、资源获取乃至原生家庭环境等，都跟我的成长环境有差异。他们身上具备可能性的惊喜，但从可能性落实到成长的具体现实结果上，还有一段探索的路要走。在这个过程中，我既有一种"恨铁不成钢"的无奈，又有一种不忍——我很难对他们四年后的大概率成长结果无动于衷。我看到了希望，他们似乎也感觉到了希望。虽然这两个"希望"的内涵不完全等同，但不妨碍这两个"希望"背后有着同样的美好期待。终究我和他们不一样，他们和我也不一样，他和他不一样，他和她也不一样。

从学生的可能性到学生的独特性，从学生个体到学生群体的差异化理解，这些认知的改变成为我在教育之路上的里程碑。我不再考虑学生是否达到了我的目标，而是关注学生是否建立合适的目标，以及达到他认为自己应该达到的目标。当他对自身的目标和我对他的目标合一后，我和他之间就有了默契，因为这是我们共同的目标，我们都在为共同的目标而努力。难怪GuoQing给我的毕业明信片寄语是：老师，我发现你大一对我们要求很高，大二要求降低了，大三更低了，大四没有要求了。原来，学生的眼睛也是雪亮的。

我看到自身存在的问题，并放下执念，开始关注学生的点点滴滴变化，而请假制度的执行也服从于这个成长目标。我找到了源头，找到了严肃背后的包容和理解。当然，这是基于学生对自身成长的严肃态度上。仍然是那句话，我的批假初衷是信任，而不是放任。学生管理的终极目标仍然服务于个体和集体的共同成长。

当班级凝聚力提升，班级的信任度建立起来，同学们有自己的目标时，往往不那么关注他人为什么请假，而是关注对方是否是真的需要请假。把请假当作合理的需求，而不是作为自己破坏规则的借口。实际上，请假往往是学生需要向老师求助的时候，请假成为需要且必要的请求。随着同学们的年级提升，这一点愈发明显。

有一次Xiang申请请假，原因是"连续好几个晚上失眠，没有休息好，需要补觉"。仔细一问才知道，那段时间他遇到了生活上和家庭上的一些大难题，有个坎没有迈过去（实际上那个难题已经困扰他很久了，有幸在即将大学毕业时，这个生活的坎差不多迈过去了）。

Shao有一次因为与在绍兴读大学的女朋友吵架而请假（要去找他的女朋友）。大学是青春期的尾巴，在激素的作用下，一些感情无法抑制。这个时候班主任只能疏不能堵。这次请假成为我和他建立信任的开始。

的确，很多次包容和理解的请假，成为学生成长的契机。当然也有很多次没有获批的请假也成为学生反思自身行为的契机。这一切，都是建立在坦诚沟通的基础上。如果班主任生涯能重来一次，应该从严肃开始，去实践宽和严的平衡，去体验松和紧的节奏。

学习不等同于考试分数

在我印象中，Xiang是一个讲义气、能自己解决就不给别人找麻烦的人。刚上大三时，他主动放弃助学金名额。我好奇这变化背后的原因，有空便找他聊起来，话题涉及他自身的成长以及班级的学习氛围。

他感觉班级内部和谐且团结，在学习效果方面呈两极分化，爱学习的同学特别认真和投入，不爱学习的同学对学习这件事没有感觉，所以学习成绩一直处于及格边缘。从他的反馈中，我感受到他看到了学习结果与学习状态之间的相关性。有时候，"看见"就是改变的开始。他自身已经意识到这些学习榜样们的存在，且想跟他们一样获得比较好的学习成绩，但是似乎内在学习动力不足，始终行动不起来。

从我的视角看，他的成长虽然没有体现在课程考核的学习成绩上，但是有很多蛛丝马迹能够印证其在品德方面的成长。

比如能够跟宿舍同学和谐相处，这一点相当不容易。他们宿舍是纪律检查困难户，四人寝中除他外的三人经常因前一天晚睡而第二天早自修迟到，多次接受班主任的预警谈话。他能够包容和理解室友因谈恋爱煲电话粥而晚睡的行为，也能关注到室友因剪辑视频忙到深夜。在这样的宿舍氛围中，他仍然能够遵守学校的作息规定，保持比较好的睡眠质量。作为宿舍的"异类"，他却把宿舍关系处理得很融洽。

此外，大三上学期他主动放弃申请助学金，原因是：姐姐刚刚大学毕业且顺利找到工作，收入相对稳定，因此家里经济情况好转，能够支付他读大学的开支，所以愿意把名额让给更需要资助的同学。我为这个主动行为点赞。

再结合他高中阶段的学习经历，我隐隐觉得他内心向上的心在生发和绽放，虽然也许内心的自我确信还不够。我想到可以试试从人生高光事件挖掘内在力量去强化自信。于是就有了如下的对话：

班主任：学习也分很多种。按照优势才干理论，有些人更擅长知识性学习，而有些人的特长在其他方面。现在的考试高分并不确保未来能获得满意的工作。从学校学习到未来的就业，中间存在很多的不确定性。只能说，当前在学习中很投入的同学，他们投入产生的效果让他们能够更好地实现阶段性目标。对于你刚刚提到的还没进入学习状态的这些同学来说，擅长的领域不一定是应试型学习。每个人都有他擅长的领域，适合每个人发挥优势的环境也不一样，需要去挖掘适合你的环境是什么样的。回顾过去两年多的大学生活，你印象最深且让你最有感触的一件事是什么？

Xiang：大二下学期成功减掉了20斤，这应该是我目前印象最深的一件事。

班主任：你是如何做到的？

Xiang：每个星期都去健身房，我姐（刚刚工作）出资让我瘦身，我就花时间去。总之每个星期抽几个晚上。效果很好，两个月时间，瘦了20斤左右。

班主任：有一次班级同学拍摄了一段你在健身的小视频发到朋友圈，我看到了。你是怎么坚持下来的？

Xiang：我不知道是否有同学拍了（视频）。反正想瘦就去健身房，我和同学一起去，大家一起去，反正就减下来了。

班主任：你看，这就是成就感，跟投入学习带来的成就感是一模一样的。

Xiang：是的，很有成就感。

班主任：说不定那些你认为爱学习的同学会羡慕你的毅力和活力。

Xiang：可能从小到大的应试教育让我们把学习（成绩）放到了很高的位置，感觉学习（成绩）对我们未来的生活起到非常关键的作用，所以可能会忽视其他方面的成长。把学习成绩看得很重，但是又学不好，就会很在意学习成绩这件事。

班主任：我感觉起作用的是你的付出和投入，而不是学习的形式。投入的过程也是学习的过程，只是不需要期末考试而已。

Xiang：可能我把学习想得太片面了，学会做饭、学会扫地，这些应该也算学习吧。

班主任：所有学习的过程是类似的，取决于学习的目标是通过考试还是投入和享受等其他内容。不管怎么样，学习的目标取决于你自己。

Xiang：可能我把成绩什么的看得太重了，放松一点，可能会学得更好。不为考试而学习。学习自己感兴趣的，学习自己想要的，都是学习。

班主任：当然还有一层，如果后期需要将学习到的技能转换成钱（价值），就需要考虑需求方的需求，这是一种等价交换。出于自身兴趣的学习和出于价值交换的学习都是合理的。把时间维度拉长，甚至可以为自己的人生成长而学习；往近看，具体考虑现有的学习成绩所定位的学习目标，两者不矛盾。

Xiang：找到一个合适的工作也可以成为学习的目标。没有目标，人生就没有想法。随遇而安可能就是我个人最大的问题吧。

班主任：现在遇到迷雾是常态，继续往前，继续变得好一些，说不定就找到方向了。三十而立，还有十年，还有探索的时间。

后　　记

我与Xiang认识了很长时间。也许用陪伴这个词更加准确些。从最初的默默无闻（用他自己的话说是想保持低存在感）、跟他人刻意保持社交距离，到在班级中有三两个好友，一起去健身，达成减肥目标，到最后选择备战考研，在这个过程中，我看到了他内心的变化。他还是他，班级充分包容的氛围让他对环境有更多安全感，愿意创造更多连接，感知他人的可能性。从紧绷的心变成松弛的心；紧绷的心意味对社交的紧张甚至恐惧，害怕被伤害，也害怕伤害别人；松弛的心代表着收放自如的弹性，一种由内而外放松的状态。产生这种变化的底气在于自信，在于确信学习成绩不是唯一的评价标准，而学习行动是达成人生目标的必经之路。差别在于为什么而投入学习，以及自身是否享受学习过程。

从另一个角度看，学生形成"学习等同于考试分数"的观念由来已久，需要做一些澄清。考试是评价学生掌握知识和运用知识的重要方式，体现的是智力的成就观，而学习能力以及激发的潜力体现的是智力的潜能观。用冰山来看这两者的关系，露出水面的冰山部分体现学生的量化学习效果，而隐藏在冰山以下的部分则是学生尚未意识到或尚未体现出来的学习潜能；前者短期效果可见、可评估，后者需要受到环境因素激发，效果难以量化。心理学家加德纳认为智力是应用认知技能和知识解决问题、学习以及达到被个体和文化所认可的目标。他提出了包括人际智力、自省智力在内的七个方面的多元智力理论，拓展了传统的言语、数学和操作能力的能力分类。学者戈尔曼在《情绪智力》一书中提出情绪智力对职业成就、婚姻质量等生活事件有更强的影响力。他认为情绪智力包括感知自身和他人情绪、管理和调控情绪、进行压力管理、克制冲动、专注目标并延迟满足、影响和引导他人等能力。因此，人的一生是全面发展的一生。

党的二十大报告指出促进"人的全面发展"。按照马克思主义哲学的观点，人的全面发展不是片面的发展、畸形的发展、不自由的发展、不充分的发展，而是全面的发展、和谐的发展、自由的发展、充分的发展。人的全面发展是一种理想状态，包括人的个性、能力和知识的协调发展。每个人的主体活动是成为自己本身的主人。教师是促进学生全面发展的伯乐，也是学生人生的引路人。

班级传统之女生节

3月7日女生节是全班的传统节日。该仪式的价值在于促进班级男生和女生之间建立超越性别的默契。按照社会学家迪尔凯姆的观点，仪式意味着参与者之间形成的特定关系。仪式是道德的也是社会的。仪式在诠释关系，它的功能在于这种关系的规则和组织以及态度表达。毫无疑问，仪式在建构班级记忆。

第一年的女生节有点新奇

有时候，天时是激发灵感的重要因素。3月7日下午6点左右，我刚刚开车离开学校，赶上转弯高架前的红灯，收音机里恰巧提到明天是3月8日国际妇女节。"啊，今天是3月7日女生节！"顿时脑海中涌现出关于这个节日的美好回忆——大学的青春日子。我头脑一热给ChaoJie打电话说："我读大学时，3月7日女生节是个特别的日子，有人表白，有人收花。在一些工科院校，男生甚至会在这一天给全班女生惊喜，我们班要不也组织组织？"ChaoJie还没有经历过女生节，对这个节日还没有感觉，不知道具体要干什么，于是迅速谋划起来。

我担心组织者因为要花班费而不情愿组织活动，毕竟是全班的钱（公款）。我按照20个女生每人一枝玫瑰、一个苹果、几颗糖的成本核算，每人15元，总预算300元。因此我赞助200元，当作对同学们活动的支持和鼓励，用于推动活动成行，剩余资金由班费出。最后实际执行的方案是：ChaoJie和GuoQing去采购玫瑰花、巧克力和糖果等物料；晚自修结束后全班男生留下来，封装好礼物，一起去女生宿舍楼下分发。

活动效果非常好，女生的朋友圈原话如下：

女生1：谢谢男生，也谢谢悦动圈（将收到的花作为配图）（被浏览213次，被点赞37次）。

女生2：感触很深的东西，我会发三遍！终于感觉到了高中和大学的不一样，咱班的男生就是甜！最后还被喂了满满的狗粮（被浏览107次）。

女生3：人生第一次，这么感动，谢谢你们啊。

女生4：多了一个表白的节日，多了一个想你的日子。

女生5：花插完了（配图）。

女生6：我们班男生真的好甜，女神节快乐！

女生7：很暖心，Thanks（谢谢）。

女生8：谢谢你们，好暖呀！

女生9：真的被感动了，我们班的男生太有心了。

男生的情绪也通过朋友圈抒发：

男生1：这就是我们班的男生，个个帅气逼人。各位女王，节日快乐！

男生2：青春！列表的女王们，节日快乐。

男生3：我们34连的这波表演可以吗？

男生4：等下次愚人节或者父亲节也有人给我那么来一下，我此生就无憾了。

学长们纷纷表达了羡慕：学弟们，学长衷心地佩服你们。学妹们要珍惜，有那么好的男生在你们身边，陪你们四年。

"终于觉得这是大学，不是高中了""第一次收到玫瑰花的场景居然是这样""感谢男生们""惹来了师兄师姐的一阵羡慕"……这些真实的体验让班级男生跟女生的距离更近了，离"兄弟姐妹"情谊更近了。

活动的效果如此之好，超出我的预料。原本在我看来司空见惯的事情（比如收下玫瑰花等），在班级女生看来却如此难得。回顾最初在心理普查谈话中获得的信息，不少女生认为自己的缺点是缺乏自信，不擅长与异性交流。也许这些女生在曾经的学习生涯中，与异性的社交容易引发误解（比如被他人误以为在谈恋爱等），从而尽可能避免与异性的沟通。这种潜在的社交观念成为男女正常社交的障碍，一定程度上限制了同学友谊的发展。融入社会的一个重要课题是学会与异性的沟通，这将是女生们新的成长命题。男生和女生除了恋爱关系，还有兄弟姐妹般的友爱，而后者是更普遍存在的人际关系。

总之，误打误撞，我的无心之举推动了班级女生和男生之间兄弟姐妹情的建立。

第二年的女生节有点尴尬

又到3月7日，我一看ChaoJie没动静，没有来跟我商量如何过节。一问才知道，他私下问过班级男生，一些男生反馈"没有动力做这件事，觉得再来一次女生宿舍楼下送花有点不好意思了，要不今年就别搞了"。确实，让腼腆的男生表达情感不太容易，我也不能勉强他们了。但是活动还是要继续，以女生感受到男生的友爱情感为目的，形式可以怎么简单怎么来。

礼物仍然是一束玫瑰+巧克力，新增卡片。卡片采用明信片，方便采购，成本低。在费用方面，我和班费各出一半。

本次活动的重头戏在卡片上。原本我希望每个男生在卡片上写一首诗，内容积极向上即可。实际操作过程中，男生以自己的字不好看、自己没找到合适的诗词等原因，放弃该方案。最终，男生们选择自由发挥。卡片的内容真是独一无二，有诗、漫画等。我唯一的要求是卡片不署名，也不写明是给谁写的，要的就是"开盲盒"的惊喜感。女生们收到后，除了一如既往对班级男生表达感谢，最好奇的是自己手里的卡片是谁写的。有些女生来问我，甚至发朋友圈求真相。谁都不知道，这是一个"不能说的秘密"。将保密进行到底吧。

整个过程中，我没有直接推动全班男生，而是点对点地推动ChaoJie去执行。他跟他的室友GuoQing一拍即合，最后留下一张两人雨天买花的背影为证。GuoQing就是我在上文中提到的不是班干却胜似班干的隐形班干。

事后反思，第二年节日还能继续推进，我的强力介入是主要原因。我觉得这件事应该继续做下去。为什么呢？这种想法源于我与一位在中国传统文化方面有深厚底蕴的朋友的交流心得，她从道和术两个层面启发了我的教育实践。

她具有厦门大学哲学博士的教育背景，在杭州一所本科院校从事传统文化推广及学生心理咨询的相关工作，具有非常丰富的学生心理建设与成长的经验。她认为学生出现心理问题往往是因为缺乏社会支持系统，要么是本身没有支持系统，要么是自身主动关闭了与社会支持系统的连接。根据她的心理咨询实务，高校出现心理问题的学生中后者情况居多。按照弗洛姆的观点，孤寂感是每种恐惧的根源。孤寂意味着与外界没有联系，不能发挥人的力量，不能把握自己所存在的世界、事物和人，更意味着人的主动性的丧失，无法感知到自我的力量。

班级建设的重要目的在于，基于班级小环境，培养学生个体的社会支持系统，也让学生建立自身可以获得社会支持的自信。学生通过与其他同学建立社会支持连接的方式接入班级的社会支持网络。某个学生接入的网络连接越丰富，他越倾向于成为班级社会支持系统的重要节点，甚至成为班级小社会的核心，他的一言一行将直接影响与他连接的同学。这类似于扁平化网络系统的中转站功能。如果那些存在心理健康隐患的同学接入班级社会支持系统网络，那么学生的心理问题可以被及时发现，甚至在班级小环境中得到改善。

一语惊醒梦中人。我忽然意识到我不仅在推动班干这些个体，更是作为驱动力去推动班级社会支持系统的构建。这个构建过程绝对不是一次两次的活动。每建立一个稳定的连接，意味着两个同学能够心连心、手牵手。各种班级活动是促成这种良性网状连接形成的契机。有效的班级社会支持系统，不仅能够避免宿舍矛盾，还能够让学生自发向班级榜样看齐（班级良好价值观的体现），潜移默化影响学生的行为习惯。同学们自发协商解决大四男生宿舍整体搬迁及宿舍成员重新调整的案例就是体现。任课老师曾反馈给我这样的信息：班级学生上课时很活跃，在一致对外时能够明显感受到班级的团结。这种团结就是班级凝聚力的具体呈现。

总之，第二年的女生节就这样半推半就地过去了。

第三年的女生节组织者队伍壮大很多

第三年的3月7日照常到来。这一天是周四，根据课表，两个班下午将合班上课（13：30开始）。我提醒ChaoJie今天是特别的日子，建议让男生们上课前提前一会儿到。这一次，班级的几个意见领袖都行动起来，精心策划流程，安排人员和礼物。

我通过前方发来的视频来感受活动的进展和效果。Shao同学负责拍照，JiaLin同学负责迎宾，ChaoJie和GuoQing负责赠送礼物，其他男生喊口号："×××同学，女生节快乐！"有组织，有协作，各司其职，有条不紊。视频中，女生们一进教室就又惊又喜，像是走在领奖的红毯上。女生们收到的礼物让我甚是羡慕，有巧克力、猫王音箱、独一无二的卡片内容。总体来看，女生们很感动，又一次被甜到。事后，有女生跟我说："明年（2020年）的3月7日大家都在实习，好遗憾。"甚至有女生跟我说想在毕业的时候给男生们一个惊喜。看来"兄弟姐妹"的友爱种子在开花结果。

这一年，我的角色从幕后组织者变成了旁观者，我只是提醒了ChaoJie记得这个日子，具体礼物和环节都由他们自己确定。到第三年，女生节已经成为一种惯例，是班级的特别仪式，也是班级文化的一部分。

第四年的女生节恰逢疫情

2020年3月7日，不会因为任何原因而不到来。这一天很特殊，因为新冠肺炎疫情的原因，同学们处于居家状态，毕业季的专业实习延后开展。此时，在家照顾好自己就是最大的任务。物理空间限制了我对这一天如何过节的想象力，内心充满了遗憾。我感觉做不了什么，只能在班级微信群发个大红包，让大家开心开心。

真的是疫情限制了我的想象力，在ChaoJie和GuoQing的带领下，居然做了个祝福女生节的视频出来，YiFan负责搞定视频的制作。大部分男生都在视频中露脸，并送上女生节的特别祝福。这次活动组织者甚至发动了之前不活跃的男生，给了我很大的惊喜。其实，也在情理之中，也许参与者不想留遗憾吧。

YiFan变化很多。在我印象中，他是一个特立独行的人，不太合群，一门心思投入自己的视频编辑技能成长，是典型的夜猫子型作息，关联行为有典型三部曲：熬夜编辑视频，第二天早自修迟到，班主任预警谈话。大三时，他因做一些身体的检查需要住院几天，室友组团去探望，这成为宿舍关系上台阶的里程碑。所以大四时他用技能反哺班级，虽然是举手之劳，但是不留遗憾的意义重大。

是时候来一场男生节

学会爱和传递爱是学生成长的必修课。班级毕业照拍摄那天，班级女生让男生们在拍完合影后停留一下。原来，女生们给每位男生准备了礼物，有一束玫瑰花、卡片、福袋等，跟女生们曾经收到的礼盒类似。收到花的感觉应该很好，因为大多数男生带着鲜花和礼物拍照了，把这份礼物融入自己的毕业时刻中。赠人玫瑰，手留余香。

后　　记

女生节系列活动是班级活动的缩影。其实，其他类型的班级活动也不少；印象中，同学们大一、大二时简直每逢节日都有活动，比如六一儿童节在教室扫福字、抢红包等。虽然参与活动的人数有多有少，但是产生了持续效果，促成了班级同学"兄弟姐妹"情谊的升温，也带动其他同学参与班级的各种自娱自乐活动。好的改变，源于用心对待。感谢组织者ChaoJie和GuoQing的带领，班级活动也促成了两人的挚友情谊。

班级活动不应该仅是展示个人英雄主义的舞台。每一场活动都需要有表演者和观众，如果台上的人是红花，那么他们也需要台下的绿叶（欣赏的同学）衬托。活动不是个别已经开放的红花的独角戏，而是催动不同红花绽放的契机，也是找到愿意衬托这些潜在红花的绿叶的机会。

我会注意向每场活动的组织者传递一种信念：我会支持你的活动，有困难一起解决，但是我们不希冀所有同学都认可你、都来参与，我们的目标是尽力而为，让更多的同学参与。各美其美，美美与共，这才是班级和谐的状态。

当内在改变发生在个人的态度和自我概念上时，改变就开始体现在他与他人的关系上。同爱的能力发展紧密相关的是爱的对象的发展。弗洛姆认为，爱首先不是同某一个人的关系，而更多是一种态度，是性格上的一种倾向，这种态度决定一个人同整个世界，而不是同爱的唯一"对象"的关系。换句话说，广义的爱是一种价值尺度，而不是一个具体的个体（爱的对象）。一切爱的形式都是以博爱为基础的。博爱是指对任何人的一种责任感、关心和尊重，以扩展对方的生命力为目的。同学之间的友爱是社会生活中与他人关系和谐发展的重要阶段。

引导学习行为的发生

要让学生相信任何事，一定要从情感上打动他。每个学生不一样，有不一样的情感故事，需要根据具体学生的性格去选择行动方案。

只有 2 期的金工读书会

大一和大二学年，我的精力主要放在稳定学生情绪、提升班级凝聚力、促进班级信任小环境搭建方面。学生毕竟需要就业，于是在大学期间培养技能成为大二下学期之后的引导新方向。那种在大一第一次班会上跃跃欲试的热情好像又来了，它好像在说：同学们，你们终于要开始好好学习了，让我们先从读书开始吧！读书会搞起来，说干就干。

我首先在班级微信群发送了举办金工读书会的倡议，同步建立了读书会QQ群，希望有兴趣的同学联系我。通知发下去后，犹如石沉大海，没有激起多大波澜。我采用最擅长的逐个击破沟通战术，快速定位到平时喜欢阅读的同学，最后好不容易挖掘出几个有意向参与读书会的同学：MingHui、XiaoXia、WeiWei、JunHao。

第一期线下读书会安排在一个周五下午，主题是"分享一本你最近阅读的书"；流程是到会的每个同学分享一本书，每个人10分钟，分享完后开始讨论。但计划赶不上变化，大家都被WeiWei分享的《天才在左 疯子在右》中的"四维虫子"所吸引。WeiWei还顺带提到了他所阅读的批判性思维能力提升的系列书籍。分享环节进展还算顺利，但是讨论环节就有些美中不足了；很多同学没有阅读过这本书，只能当故事听，在讨论中很少涉及作者的观点及体现的不同思维方式。

第一期读书会摸着石头过河，虽然参与人数不多，总算是有组织、有队伍了。我对读书会的未来抱有很大的期待。我计划第二期读书会在一周后的同一时间和同一地点开展，阅读另外一本书——《夏山学校》。我提前把电子版素材发到读书会的QQ群中。第二期读书会的参与同学比第一期少，同学们用脚投票了。我已经不记得第二期的具体内容，之后读书会便不了了之。

为什么同学们对娱乐活动和阅读活动有完全不一样的参与态度呢？在《十三邀》许知远访谈马东那一期节目中，马东的观点或许能够给我一定的启发。马东认为这个世界上大约只有5%的人愿意积累知识、了解过去，剩下95%的人是在生活。娱乐是人的先天本能，而文化是沉淀的结果，每个时代都有这个时代的娱乐形式，本质上都一样。《奇葩说》节目其实是用新的语言表现形式在辩论一些古老的命题。娱乐本能背后追求趣味性，包括知识内容本身的趣味性和知识形式的趣味性，传统的线下一人讲大家听的分享阅读方式已经不适合于当下富媒体信息传播的时代，或者说知识传播的方式，除非他意识到通过网络碎片化信息找不到想要的答案，他就会开始转向更深层次的知识体系去寻求答案。

我私下了解到，WeiWei和XiaoXia他们有一个自发的班级"民间组织"——天文社，常设成员有4人，时不时会有其他同学临时加入。天文社建立之初，是为了探讨一些哲学议题，甚至会阅读尼采、叔本华等哲学家的著作。可见，同学们的阅读兴趣来源于求解，想解决问题自然愿意去找答案。阅读只是手段，大多时候不是目的。至此，我意识到传统的读书会形式不能激发同学们的阅读兴趣，我需要找到他们的兴趣点或者利益点，从而驱动他们产生走向图书馆自己寻求答案的动机。

行为模型的启发

从市场营销原理来看，管理用户行为的最高境界是形成习惯，内化为动机。习惯的形成就像珍珠的诞生。蚌之所以能够孕育出天然的珍珠，是因为"微小异物"的入侵——进入蚌壳的小沙粒被分泌的珍珠质层层包裹起来，经年累月后形成光滑的珍珠。习惯不会凭空养成，只会逐步形成。

习惯是相同或相似行为的重复。在尼尔·埃亚尔、瑞安·胡佛所著的《上瘾》一书中，提到斯坦福大学说服技术研究实验室福格博士构建的行为模型，包括三个要素：充分的动机、完成这一行为的能力，以及促使人们付诸行动的触发。动机、能力和触发三个要素必不可少，缺一不可，否则，人们将无法跨过"行动线"，不会实施某种行为。

具体到学生的学习行为上，可做如下分析：

动机是指学生内心存在主动学习的意愿，属于自身想不想学的层次。如果想学习，不需要外在环境推动，就会为自己选择合适的学习环境，比如下课后直接去图书馆学习等。总之，动机层面强调学生的主动性，包括克服环境中的制约因素。

能力是指具备了学习行为产生的相关条件，属于自身能不能的层次。学生可能在某些学科上存在学习困难的情况，比如经济学、数学等学科涉及符号或概念元素的抽象思维，短时间内很难深入学习，因此学生可以尝试看一些管理学类或故事类的书籍，降低概念理解的难度。更多时候，影响能力发挥的并非概念的理解，而是学生因自我管理能力不足而容易被环境所影响，无法坚持持续性学习，难以产生学习效果。

触发是指学生的学习行为和学习效果受到外在环境因素（如资源限制等）影响，属于自身知不知道的层次。良性的触发来自同学、学习兴趣小组或项目团队相约一起去图书馆或教室学习，这种触发有利于学习行为的保持；非良性的触发是指室友约着一起在宿舍玩游戏、好友约着一起去娱乐等，这些触发会让学生因为不好意思拒绝而影响学习行为的持续。学生不好意思拒绝对方的邀请，内在原因是担心被其他同学视为不合群而影响人际关系。良好的学风意味着同学间形成一致的学习价值观，即学习被大家共同视为正确的事情。对班级来说，学风是班风的一部分。

具体情况具体分析，目前该班级涉及的学生情况包括：有学习习惯且有明确的学习方向、有学习习惯但尚无明确的学习方向、没有学习习惯且没有学习兴趣。相对来说，影响学生学习行为的瓶颈在于不知道学什么、不知道怎么学得更好、不知道如何坚持学三大问题。当学生目前有能力自我管理但是不知道学习方向时，可人为制造外部动机，给予学生最简单、最易操作的触发点；对于目前不具备自我管理能力的群体，通过制造动机和给予良性触发，提升其能力，培养学生的学习行为。

经过一段时间探索，我采取了"先让一部分动起来，再让先动的同学带动其他同学"的策略。背后的原因在于，我只能直接影响一部分同学，那就让这一部分同学去影响他们能影响的人吧！这是理想与现实妥协的结果，却是行之有效的方案。

首先，针对已经具备学习习惯及自控能力的同学，提升其学习内容的深度和广度。筛选范围来自各学期课程考核成绩良好及以上，或者任课老师评价较好的同学。如果所学的课程不是自己的主要兴趣点，课程学习的主要目的是在期末考试中取得较好成绩。达成该目标并不需要花费100%的精力，可能只需20%~30%的精力，那剩余的精力可以用来拓展自己感兴趣的知识领域。这个环节的核心在于班主任的指导艺术。班主任不仅要能沟通，还要做到设身处地为其分析行为和兴趣之间的关联。同时，班主任还需要与其保持沟通，及时提供反馈，为学生突破现有学习瓶颈持续提供推动力。

WeiWei属于引导成功的案例。他大一时系统学习了批判性思维培养的系列书籍，在大二时着重强化自身的沟通表达能力。他采用实践的方式提升，某一段时间曾给自己下达每天与5个陌生人说话的指标。实践一段时间后，由于每天想着需要完成的指标，他产生了恐惧情绪，坚持不下去了。同时，他对于该方式的效果产生了怀疑（该方式可能在其他人身上产生过良好的效果），不知道问题出在哪里。当他向我寻求帮助时，我感受到他的无奈和无助。经过沟通，我发现其恐惧情绪源于害怕被对方拒绝，害怕对方觉得跟自己聊天是浪费时间，害怕自己真的浪费了对方的时间。当然，在这段时间的实践中，也有过陌生拜访被接纳的成功案例，只是比较少。回顾这段经历，他认为陌生拜访对于提升沟通能力的效果是存在的，只是每天需要完成5个指标有点困难。我相信，每个人都自带解决方案。我们讨论的优化方案是把5个指标降低到1个或2个，沟通的内容尽可能倾向于自己擅长的领域，比如交流四六级英语学习、一些哲学话题等。调整自己的态度。沟通是为了交流和成长，如果被拒绝就好好说再见。通过这些调整，WeiWei后来感叹，在学校图书馆5楼学习的同学都好优秀，比如一个大三的国贸专业女生已经通过英语六级考试并正在为出国做准备。他还发现5楼的同学基本都固定，虽然不认识，但每天都会相遇。这样想来，有一种既陌生而又熟悉的感觉。通过这段经历，他意识到迈出沟通这一步没有那么困难，自己也可以成为受欢迎的人，关键在于选择合适的对象和合适的话题去沟通。

惊　喜

　　学生的天职在于学习，团结友爱的班级氛围有助于推动自律习惯的养成。大二快结束时，学校图书馆公布了"第四届阅读之星百强名单"，排名的依据是过去一年读者进馆次数和借阅册数。该名单中，第1名、第2名、第11名、第23名、第76名、第97名均为金工16级学生。如果按照比例来计算，6人占100强的比例为6%，而金工16级人数占全校学生的比例约为0.49%。相对来说，金工16级学生进图书馆的比例远高于全校的平均水平。该报告公布后，引起了学生处对学生进图书馆学习行为的重视，他们甚至考虑将图书馆的学习行为细化后纳入班级评优的参考指标。

To be or not to be：读研 or 就业

个人目标可以是很小的事情，也可以是重要的大事，即个体希望发生什么。个体对目标所设定的时间窗口体现出个体对未来的可控程度。当然，越清晰的个人目标意味着越清晰的行动路径。

我确信，如果这个班级的同学想有更好的职业发展的话，读研一定是条艰苦而值得的路。所以从学生大二开始，我就有意识地动员学生去理解考研这件事。

种下读研的种子

先得感受下读研的状态。眼见为实，通过到本科院校体验学习环境和氛围、与考研成功的学长学姐交流等方式，为学生播种一颗读研的种子。我提前联系了我爱人的师弟小王，他本科就读于浙江财经大学，以专业复试第一名的成绩成功考取浙江大学行政管理专业硕士研究生。待约定好去浙江大学紫金港校区拜访的时间后，我在班级群发出通知，最后确定去的同学是：WeiWei、JiangQi、JiaLin，以及一个15级的同学。

我们走访了环境优美的校园，还去了图书馆、教学楼参观。河边的落日余晖、美丽而温馨的校园、个性化的教学楼、自由讨论的氛围和用脚步丈量大学的体验让同学们深有体会。随后，我们去教工餐厅聚餐，并听小王学长分享其考研历程。原来，他曾是网络上流传的考研大神，在考研期间用掉超过100支笔芯。他把这些笔芯当作纪念一段难忘青春的载体。

这次浙大之旅在学生心里激起了涟漪。JiangQi在他2019年度总结里提到："当初拜访一个浙大学长的时候，他说他备考用了100多支笔芯，那时候我想，自己要是能用到一半就够了。最后，我用了54支黑笔笔芯、6支红笔笔芯、两管自动铅笔芯，还有一支圆珠笔，也算达成心愿了。""感恩大学班主任，是她适时提醒我可以尝试考研的路，这条不会有遗憾的路。我想我这辈子都不会后悔尝试过。"这样看来，这次交流考研经验的种子是种下了。

我按照班级同学的学习能力、学习兴趣、自律意识、毅力等要素定位了动员目标：WeiWei、JiangQi、YaHui、BaoQin、WenJie。在上述的同学们中，最终只有WeiWei、JiangQi加入考研团，其他同学由于各种各样的原因没有选择考研之路。

默默壮大的考研团

WeiWei和JiangQi比较早进入备考状态，大二下学期就确定了考研目标，大三前的暑假开始进入第一轮复习，复习时间整整1.5年。种子已经种下，先锋队已经就位。之后，JiaLin、XiaoXia、Xiang、WenYing也进入考研的复习，俗称考研团。

Xiang加入考研团，是我意料之外的。Xiang跟我聊过很多关于他的原生家庭的故事。家家有本难念的经，他甚至有一段时间为之失眠，好在都坚强地挺了过来。我陪伴过他一段时间，相信考研应该是他走出过去的一个重要选择。我是从他与XiaoPing一起买经济学书籍这件小事中察觉到他想考研的，询问之后才得知，他从大三上学期就定下考研的目标，打算考经管类院校的金融学专业，已经进入复习状态。没想到当他的认知视角调整后，能够如此快地确立新目标，并产生行动力。这应了我认同的那句名言：想象力一旦启动，行动力立刻爆发。

班主任：现在复习得咋样了？

Xiang：一轮大概还需要一个月左右结束，专业课还没看。

班主任：时间还来得及，考试年底才开始。

Xiang：十二月考试，还有250天左右，有点赶。

班主任：这段时间复习有啥感受？

Xiang：充实，有了目标、有了方向感觉挺好的。

班主任：还有呢？

Xiang：会感觉到累，但是能克服。主要感觉还是对未来的恐慌导致我做出考研的决定。

班主任：未来的恐慌是指？

Xiang：上一届学长学姐的就业情况和现在泛滥的本科文凭，以及对自我的了解。

班主任：具体说说看。

Xiang：以我自己的想法来看，我们的学历是比较没有含金量的，而且我的能力确实不足，如此下去未来会很难走。而我又不想做一个混吃等死的人，我想实现自己的人生价值。

班主任：我好像感觉到你内心那股劲。

Xiang：考研或许不是唯一的路，但我觉得是当前最适合我的，所以我要试试。

班主任：考研确实是一条路。不管结果如何，我感觉这条路都会让你成长，对吗？

Xiang：嗯，不管考没考上，我的心态、我的能力都不是不去考、不去尝试的我能比得了的。

班主任：我感觉你有目标后，底气足了很多。现在复习是抱团还是一个人呢？

Xiang：一直和 WeiWei 一起。

班主任：有个队友，感觉咋样？对你的复习有帮助没？

Xiang：有，会更有动力。为了自己的目标，只能硬着头皮上了，而且我觉得时间长挺好的，在这个过程中，我会被打磨得更好。我的高三是不充实的，现在正好补回来。

班主任：真好，为你的收获而高兴。痛并快乐着。

Xiang：嗯，谢谢老师！

几家欢喜的考研结果

考研分数公布后，考研团中只有WeiWei和JiangQi成功上岸，其他同学留有遗憾。好在有几位同学准备二战，看来那颗读研种子的力量在增强。考研之路很艰苦，尤其金工16级同学没有前人的成功经验基础（同专业之前没有成功考研的案例），在需要自行开辟一条路的情况下，更加艰难。

我以其中一位同学的年度总结为例：

算起来距离考研结束已经一个多星期了，好像还是没能从那种情绪里释放出来。今年一直在做的事情就是备考吧。今年是我状态最差的一年，我一直以为自己是个处变不惊的老成、抗压能力比较强的人，但事实上一年下来我发现自己真的是一个遇到压力就要跳起来的人。崩溃了多少次？不记得了，只记得好多次做题做到哭。真的就是突然开始流眼泪，不是那种被打的痛苦，是那种觉得自己已经很努力了但还是无能为力的难过，非常压抑。我度过了20多年来情绪状态最差的一次暑假，无缘无故发脾气，无缘无故地跟自己或别人生气。有段时间我真的觉得自己的心理要出问题了。好在这一年我学会了跟自己对话，给自己不断调整自己的独处时间，虽然抗压能力差，但好在自愈能力够强。一种题型练了又练，别人练一次就行，我要练三次、四次甚至五次，真的很无力，就好像掉在海里，别人一下子就上岸了，而我要在海里起起伏伏好多次，呛好几口海水才有机会上岸。

每一次很难过的时候，只能安慰自己"我可能不是最聪明的那个，但我一定要是那个愿意努力的人"。虽然嘴上天天喊着要放弃，但手上依然没有松懈，或许升学成功的念头还是足够强烈吧。从倒计时150天到100天，再到50天，最后倒计时10天，没有想过休息一天。起床时间从7点到6点40分，再到6点25分，总是想再早一点起；从晚上11

点到晚上12点再到凌晨1点睡，又调整回晚上11点半睡，总是要再多学一会儿。每一天都是灰心丧气地回寝室，但只要第二天睁开眼睛，就会是能量满满的一天。当初拜访一个浙大学长的时候，他说他备考用了100多支笔芯，那时候就想自己要是能用到一半就够了，最后我用了54支黑笔笔芯、6支红笔笔芯、两管自动铅笔芯，还有一支圆珠笔，也算达成心愿了。我可以拍拍自己的良心说，这后半年备考我真的已经尽力了，无论结果好坏，坚持下来的过程对于我就已经是一场胜利。当我走出最后一门考试的考场，真的觉得很轻松、很开心，是那种期待了很久的一件事终于被我完成了的开心。虽然结果可能不是太理想，但备考这一年多我真的不遗憾，我自认为我做了所有我应该并且能做的事情。备考的过程让我体验到延迟满足带来的更大满足感。所以走出考场时我觉得战胜的是自己。

价值 2 万的优势分析课

同学们愿意主动跟我分享他的所思所想，意味着我和同学们建立了信任。面对他们未来可以如何选择的困惑，如果我仅仅泛泛而谈或者给予精神上的鼓励，无法在行动上提供更加精准的建议，那么我想我的引导效率仍然是不够的。

为了系统掌握各种性格、优势、能力相关专业知识及测评工具，我学习了MBTI职业性格测试、盖洛普优势识别器两个工具的使用及测评报告解读。这些工具解决了我一直无法突破的瓶颈，让我从模型的角度去定位同学们的特质，以及特质在他们自身的个性化体现，且针对测评报告能够提出一些个性化的解决方案。我始终相信，这些工具是地图，不是实景。工具需要通过精准的解读，才有可能成为指导行动的地图。

深度学习这些工具后，我能够理解市面上的各种职业能力测试和性格测试工具。测评工具跟我的个性相结合，熟练使用测评工具已经成为我的一项专业技能。在恰当的时候，这些工具进入我的生活和工作之中，也是一种缘分和幸运。

这些工具背后有一个共同假设，即自身优势的比较参考系包括跟他人相比和跟过去的自己相比。在跟过去的自己比较维度上，需要关注相对更擅长的领域。最擅长的领域不等于天赋，但是基本上蕴含着天赋，更准确地说是先天因素（天赋）和后天环境因素自然而然融合后的结果。就像我们的左手和右手都能写出自己的名字，只是惯常使用的右手（针对习惯使用右手的人）比左手更加顺手。优势测评结果能够提示当前状况下相对擅长的领域。如果能够领悟工具给予的提示，并通过工具指导自身的行为，该工具的价值将最大程度发挥出来。

我选择了一个下午的课后时间，给感兴趣的同学分享如何借助测评工具去发现自己的优势。这时候，我明显感觉到自身对同学们教育引导的节奏感。节奏感是开启技术通往艺术之门的钥匙。从最初统一的行动标准到现在以提供工具和个性化支持为主，以满足对方的需要为目的。节奏感的背后，是长期的深入访谈调研基础和工具模型验证，以期实现对同学们需求的准确把握。上述两个工具的课程学习曾是自费，成本超过2万，因此被WeiWei称为价值2万的优势分析课。

MBTI 气质类型工具

网络上关于MBTI工具的测评问卷非常多，但是通常测试结果的准确率只有75%左右，问卷问题并不能准确识别出一些维度。我学习MBTI测评课程的导师具有40年以上的心理咨询经验，能够从各种案例和维度所体现的特质角度去准确辨别来访者的气质类型。通过专业学习，我使用该工具进行类型测评的准确率能提高到95%。

该工具是基于荣格的《心理类型》著作中提到的功能维度，即感觉—直觉、思考—情感，之后由美国心理学家伊莎贝尔·布里格斯·迈尔斯和她的母亲凯瑟琳·库克·布里格斯根据当时社会职业选择的需要进行完善。

MBTI包括四大维度，延伸出16种类型。四大维度分别是：①能量维度：外倾（Extrovert）—内倾（Introvert）；②信息加工维度：感觉（Sensing）—直觉（Intuiting）；③决策维度：思考（Thinking）—情感（Feeling）；④执行模式维度：判断（Judging）—感知（Perceiving）。

根据我的实际经验，每个维度的具体描述如下：

1. 能量维度

包括外倾（E型）和内倾（I型）。绝大部分在线测评工具对该维度的误判比例最高，原因在于测试者在回答测试题时容易按照常规意义上的内向或者外向去回答问题。日常理解的外向或内向是按照测试者是否倾向于主动跟人沟通来判断；外向型给人的印象大部分是喜欢与人沟通的，内向型给人的印象是喜欢独处的。实际上，对于该维度的正确理解是，E型更倾向于通过与外界环境互动获得能量，I型倾向于通过与自我对话而获得能量。如果用电池的充电和放电来比喻，与环境交互是E型的充电方式，而独处、与自我对话是E型的放电方式；I型与之相反。

这里需要特别理解外在环境是什么。日常测评容易出错的原因在于把外在环境理解为环境中的人。其实人只是环境的一个构成部分。一些E型个体虽然不经常甚至很少跟人交流，但是他仍然通过社交工具在了解世界的变化、世界最新发生的事情。看上去在独处，实际上他仍然在不停地跟环境互动。这种情况的E型容易被认为是内向的。E型更多认为自己是外在环境的一个点，是跟其他主体平等存在的个体。相对来说，I型更倾向于与自我对话。在与自我对话时，I型会觉得自己是包括自己在内的所有环境的中心。自我互动的方式会让I型获得充分的能量，然后跟外在环境互动从而输出能量。不管E型还是I型，该理论都认为能量守恒，差别只在于充电—放电的方向。充电是起点，然后才可能有能量输出。

具体表现：E型主要从与外界的互动中获得乐趣，可以用很多精力和外界打交道。相比独处，他们更倾向于与人互动，独处时容易感到无趣。E型更多是行动多于思考。I型多喜欢一人独处，享受独处的时光，喜欢反思、反省，在表达之前反复咀嚼思想和情感。在新环境中，他们往往表现为冷漠和保守，一般不喜欢大型聚会和突如其来的关注，担心来自外界的干扰，排斥干扰。他们能从自己的内心获得最大的快乐，从自我探知和对他人内在探知中学习成长。

通过识别这个维度，可以分析出学生耗能的方式和让自己赋能的方式，尤其是在分析其沟通模式方面发挥作用，可以针对性调整人际关系，帮助学生找到其干劲十足的情境，尤其是人际关系情境。

2. 信息加工维度

包括感觉维度（S型）和直觉维度（N型）。该维度的误判率低，易于识别，容易与现实情境对应。

S型特征：注重事实、细节、现实、具体、现在、实际，专注于当下；通过五种感官关注生活的具体实相，尽可能以具体的形式记住当下，比如日记、纪念品、照片；不喜欢过去的事，当一切结束时，一切也都结束了，会用一个特别的形式告别过去；喜欢物质享受和行动，相对不擅长抽象、创作、理论、语言和符号。

N型特征：注重可能性、想法、想象力、将来、理论、愿景，极富想象力；具备创意、创新的源泉，一个单一的思想、形象或想法迅速激发出另一个想法，一旦想象力的能量被激活，就会立即行动；寻求更高的思维体系的兴奋点，特别擅长构思新项目或开发新事业。

尽管该维度比较容易理解，也比较容易识别，但是需要关注两者利用新信息的不同加工方式所带来的效率差异。S型把时间和精力放在细节的打磨上，N型把时间和精力放在整体框架的建构上。面对相同的任务，S型的人和N型的人采用的方式可能不一样。S型效率较高的方式在于思考细节（深度优先），N型效率高的方式在于建构整体（广度优先）。S型像在织面积相对固定的网（总面积相对稳定，密度不固定），时间越充分织得越密；N型则像在织孔比较稀疏的网（密度相对稳定，而且网眼大），单位时间内，能够织的网面积更大。前者像显微镜，后者像望远镜。S型更倾向于固定流程和把控细节，N型倾向于开创新的流程或制度。

按照该工具，在金工16级49名同学中，N型的同学大概有6个，S∶N=7∶1。N型的人占比更低。

3. 决策功能

思考型（T型）和情感型（F型）也是容易分辨的功能维度。

T型特征：以事为主，倾向于客观、分析、逻辑、保持距离的价值观，关注事件的"对—错"，喜欢跟进事物的进程，认为计划和执行计划是必要的，将概念化视为生活的基础，并将逻辑应用于一切，无法容忍含糊不清的事情，总是希望了解事情背后的原因或理由。

F型特征：以人为主，关注他人的感受，倾向于主观、理解、关注他人的价值观，拉近人际距离。通常以过去为导向，专注于过去事件对情感的影响，对他人的需求做出反应，避免伤害他人的感情。敏感于人际关系，能够保持对他人的情绪状态，即使他们不在场；重视亲密关系，需要人际关系的归属感，总会融入社会团体和组织，能够通过言语、行动、音乐等准确表达情感，难以告别和分离。

以"相同的一件事不同的人来处理"类比说明，对于T型来说，只要流程或步骤一样，谁来执行都一样；对于F型来说，只要执行的人不一样，那么事情还是有差异的。T型关注既定流程或步骤的逻辑关系，优先考虑逻辑顺序，执行的人也需要服从于事的逻辑，他们的口头禅是"错了""不对""逻辑混乱"等。F型关注相同一件事的执行人的感受，他们认为人的因素是应被优先考虑的，事情的成功取决于人的合理配置，只要把人放在合适的位置，总能够找到合适的事情。F型的口头禅是"是否可以？""合适不合适？"等。

总体来说，T型和F型在对待流程和人方面有不同的价值观，但是仍然服务于何种执行方式能够更好达成目标，即做出决策时考虑的因素。

4. 执行维度

这个维度是指在信息相对确定、确定好执行的人和流程后，解决如何执行的问题。包括两种模式：判断维度（J型）和感知维度（P型）。

J型特征：有条理、能决断、爱控制，对任务的执行有组织、有秩序，条理性强；总是尽早启动任务，以便有时间检查和修改或启动下一个任务，总是按时甚至提前完成工作；定期汇报是一种有效的做事方式。

P型特征：灵活、经验为主、即兴，对任务表现出随意和开放的态度，喜欢项目中存在多样化的内容，期待自己把爱好融入项目中；往往需要最后期限或其他压力来启动任务，很少提前做准备，经常通过反复试验发现问题所在。

在很多测试者的描述中，P型的人总是表现出拖拖拉拉、不到最后一刻不提交任务的模式，J型的人表现出做事计划性强、有条不紊，能够按照预期达成结果的模式。现代工作精细化管理的背景下，管理者更青睐J型，往往按照J型的风格要求甚至考核员工，结果是员工不管是否是J型，最后都呈现出J型的表现。所以在测试中会存在一定的误差，部分原本是P型的人得出J型的测试结果。这里需要回到真实的自己，而不是社会化后的自己。如果是社会化后的自己，P型的人表现出的J型特征是不鲜活的。我有个朋友原本是P型，但是在工作场景下将自己塑造成了J型，但是只有在P型的场景下，她才会感觉到全身细胞都是鲜活的。

如果我们用正弦曲线来表示两种类型的行动模式，那么J型的曲线是稳定、有规律的，振幅和频率都保持不变，波峰和波谷所处的两条平行线是J型的天花板和地板；而P型的人是脉冲型的，在初期可能很平缓，甚至跟横坐标轴几乎平行，但到某一个时刻可能爆发，突然出现很高的波峰，然后又恢复到平缓状态。J型和P型没有孰优孰劣，找到测试者本人特定的模式，并去适应这个内在动力模式，甚至主动匹配，就能提高执行的效率。

MBTI 工具使用注意事项

上述分类方法并不是将个体分成两类，而是描述了连续体上的点。在特定环境下，个体能够实现潜能的有效发挥，因此很难说哪种类型更好。需要注意的是，这里所有的维度都是自己跟自己比较。当个体把自己相对不擅长的倾向性纳入理性思考（有意识）的范围，可能T型的人能够表现出高水平的F型绩效表现，P型的人能够有高水平的J型绩效表现。这也是个体成长的过程及成长的结果。我们并没有成为谁，而是成为更好的自己，呈现出更加综合的行为绩效。换句话说，我们用自己效率比较高的方式弥补了因自己的相对短板而带来的效率损失。

盖洛普优势识别器工具

盖洛普优势识别器由著名的市场调查公司盖洛普咨询有限公司开发，《盖洛普优势识别器2.0》一书对该工具进行了详细说明。该工具认为每个人都有自己看世界、与世界相处的独特方式，这些独特性背后是我们每个人与众不同的天赋，而每个人的天赋经久不变、与众不同。每个人最大的成长空间在于其最强的优势领域。

在《盖洛普优势识别器2.0》一书中，特别定义了优势、才干和投入的不同和关系。优势指通过近乎完美的表现，在特定领域持续取得积极成果的能力；才干指自然而然反复出现，可被高效利用的思维感受和行为模式；投入指在扩充知识、练习技能与培养才干上所花费的有效时间。因此，优势是才干有效运用的结果；才干是种子，优势是果实。基于这样的认知，经过对200万人语义文本研究后，盖洛普优势识别器发现促进个人成功的天赋潜能可分为34组才干主题。

34个才干主题具体如下：

执行力大类	影响力大类	关系大类	战略大类
成就Achiever	行动Activator	适应Adaptability	分析Analytical
统筹Arranger	统率Command	关联Connectedness	回顾Context
信仰Belief	沟通Communication	伯乐Developer	前瞻Futuristic
公平Consistency	竞争Competition	体谅Empathy	理念Ideation
审慎Deliberative	完美Maximizer	和谐Harmony	搜集Input
纪律Discipline	自信Self-Assurance	包容Includer	思维Intellection
专注Focus	追求Significance	个别Individualization	学习Leaner
责任Responsibility	取悦Woo	积极Positivity	战略Strategic
排难Restorative	—	交往Relator	—

每个才干主题的具体内涵可以参考《盖洛普优势识别器2.0》。从原理上来看，执行力大类才干主题突出的人懂得如何让事情有效向前发展；影响力才干主题突出的人懂得如何通过资源分配掌控局面并影响他人；关系大类才干主题突出的人具备构建牢固关系的能力，促进团队凝聚力提升；

战略才干主题突出的人懂得帮助团队分析、获取信息并做出决策。

盖洛普优势测评工具的四个大类跟MBTI的大类相似度较高。两个工具都会从关注人—关注事情、分析决策—执行来分析人的优势，只是分析的信息颗粒度不同。使用这两个工具仍然需要注意，标志才干集中的某一领域，表明一个人最大的优势和驱动力在此领域；但是，标志才干不在此领域，并不代表个体不能以自己的方式达成该领域的结果。核心问题在于如何通过优势才干去实现弱势才干所面对的环境需求。接下来就涉及现实中体现出的弱势区域管理，如分析学生对优势主题的误用场景（包括无意识、过度使用等）、提升知识技能（解决因知识技能的短缺与误用带来的问题）、基于团队构建支持系统（才干主题的互相支持）。

通过两个工具可以大致定位到一个学生特定的、客观的行为模式。这里的客观是指自身自然而然表现出的特定模式。剔除情境的偶然性因素，该特定模式往往是稳定的。因此在分析出学生特定行为模式的表现后，还需要关注该模式所关联的内在动机，从而判断能够让该行为模式效率最高时所需要的特定情境。可以说行为表现、内在驱动力、外在环境支持三个要素能够具体帮助学生预测未来适合的工作环境，包括团队合作模式、个人融入团队的模式等。到这一步，能够非常准确帮助学生做好职业生涯选择。

《人民日报》曾报道过一则有关我国著名翻译家许渊冲先生的故事。退休后的他每天在北大畅春园的一栋老楼里对着台式电脑从晚上10点工作到凌晨三四点，坚持将自己每日的翻译成果，一字一字地形成电子文档。我想这种超越物质追求的工匠精神的坚持背后，一定是对翻译职业的深深热爱。如果能够在年轻力壮时找到一生所爱，一定是一种幸运。

这种热爱背后既有天赋影响，也有后天环境所习得的技能影响。有人将性情比喻为地基，个性则是建筑。融合了行为和情绪的性情通常是与生俱来的，在婴幼儿阶段已经有所表现；而个性会受到文化环境和个体经历的共同作用。在人生的旅程中，最好的选择仍然是找准自己的位置，探索那片最适合自己的领域。

利用成就事件串起人生的珍珠

虽然每个学生都有很多可能性，但最终实际发生只是众多可能中的一种。我希望通过优势识别器工具帮助学生更好匹配自我与职业选择，去发现自己所爱，包括生活和工作，创造人生的幸福，实现自己的价值。仅有工具是不够的，工具可以充当地图，但不是实景。有效的职业生涯规划引导离不开班主任对测评工具的熟练应用，更离不开其对学生过往经历的深刻洞察，两者合而为一，才可能成为班主任的独特技能。

在工作中，我曾帮助多个同学修改求职简历。有一位M同学，我在工作中与她接触机会多，对她的了解比较深入。大四上学期结束，她开始修改简历寻找工作机会，所以有了帮助她修改简历的故事。

简历可以说是求职者生涯浓缩的精华，简历上不同的经历会反映出求职者不同的个性特征。初看M同学的简历，经历挺丰富，但是反映出的个性特征单一，多段经历是在重复个人特征，社会实践经历提供的想象空间不足。

示例如下：

角色	事迹描述
团支书	● 协助老师管理班级日常，收集整理班级同学的红白卡，制作学期综测表，对同学的奖学金、优秀学员、优秀班干部等申请表进行审核并上报；寒暑假期间收集整理同学的作业，并时刻关注同学的状况，及时了解并解决问题 ● 策划组织了一系列班级活动，参与班级联谊活动的策划，安排活动流程、场地以及参与人员，邀请了学长学姐，拟订节目流程表，根据场内情况灵活应变，及时应对突发状况，合理执行联谊活动；除此之外还组织了毅行、班级团建等活动

续表

角色	事迹描述
餐厅服务员	●按照培训规定认真做好桌椅摆放、餐厅卫生、餐厅铺台，准备好各种用品，确保正常营业使用；配合店长工作，服从店长及领班安排，团结及积极帮助同事工作，积极应对突发状况；服务顾客，主动满足顾客的合理需求
班主任助理	●负责协助班主任工作，在暑期参与班助培训，整理学员资料，创建班级群，保证联系通知到每位学员；在军训前收集整理各位同学的身体状况，判断同学是否能够参加军训；协助教师完成各种文件的收发，例如学生手册、大学生保险等 ●在军训期间关注学弟学妹的身体、生活状况，帮助缓解他们的压力，灵活应对突发状况，协助教官管理学员；军训过后关注他们的学习状况，耐心解答他们的问题，帮助他们建立学习规划、定期沟通交流学习心得

从事实层面来看，M同学的经历主要集中在校内，包括参与组织了多次班级或者学院层面的活动，协助老师完成一些程序性工作，可以梳理出下列关键词："协助老师""收集信息""制作表格""上报信息""了解信息""制定流程表""联系同学""分发资料""关注学弟学妹生活状态"等。透过这些事迹，我看到一个具备组织协调能力、认真负责、信息收发（中转站）、知心大姐姐的画像。如果按照一些性格或优势的工具来区分，好像她更加擅长处理任务。

实际上根据我对她的了解，她对于任务的行为模式是：愿意接受责任，承诺完成，但是承诺一经作出，对这件事的热情便下降，完成这件事的动力转变为最后期限的压力或需求方的催促。因此，任务完成的效果往往是基本完成，不会超出预期。"承担责任、负责执行到底"可以说是她性格底色的一部分，再往底层挖掘，会发现M同学不是任何时候都主动承担责任，往往只有在被信任的人需要的时候才体现出来。因此促进她优势发挥的情境里需要有值得信任的项目团队或者个人，而不是依靠她单打独斗完成。反过来看，如果未来她的工作内容停留在与上述描述相似的事务性工作，大概率是很难产出出色的业绩，工作产生的成就感不会很高。

在协助我完成班主任事务的过程中，我发现M同学的特质有：很容易跟沟通对象产生共情，有非常强的同理心，具备良好的倾听、沟通技巧，能够自然而然感受对方的情绪状态，并能够使用恰当的语言回应对方的沟通需求。班级里不少同学找过M同学谈心，"知心朋友"的称号非她莫属。M同学的角色有些像团队的胶水，在润物细无声中，把团队各个成员都紧紧粘在一起。根据盖洛普优势识别器工具测评，M同学具有"包容"特质。包容才干是指"不放弃团队中任何一个人，尤其是可能脱离团队的人"。"团队强力胶"是M同学的优势表现之一，而现有的简历事迹中关于"团队强力胶"角色的描述非常少。

如此看来，M同学已经有两方面的优势了，但是继续在这两方面挖掘好像对她来说挑战不大，我们还没有找到一种主动克服困难并达成目标的成就故事。我和她开始思考：能够让她主动挑战且能够产生出色业绩的场景会是什么样的？

遍历我和她相处的点点滴滴，一个画面忽然跳了出来，那是为数不多的她用非常激动的情绪跟我分享的一个画面。想起来了，那只是她众多兼职中的一个。大二时，M同学跟班级另外一个女生一起为一个培训机构去各个本科院校招生，她们需要在每个晚自修教室讲解培训的内容及报名说明。两个人合理分工，M同学承担了跟陌生人面对面交流解释的工作，另外一个同学负责在黑板上写内容。走进教室那一刻，M同学说很紧张，害怕被拒绝，甚至害怕被赶出教室，内心夹杂着对陌生推广的恐惧感。那一晚，她们两人合作共获得10个学生报名，在当晚的招生业绩中排名靠前。虽然兼职获得的报酬不多，但是她描述这件事时非常投入，涌现出满满的成就感。当我把对这个故事的内容和情绪记忆分享出来时，她才意识到从这个非典型的社会实践经历中可以挖掘出她的另一个侧面。

很快我们将这个故事抽丝剥茧，整理为适合放在简历中的成就故事。

角色：职业教育招生业务员

● 针对本地户籍的大一学生进行招生，吸引该人群免费参加市人力资源和社会保障局提供的技能培训及考证。我们小组两人负责在晚自修时间段到教室进行地推。地推前快速学习宣讲话术，总结推广产品优势。

● 考虑队友对陌生推广的恐惧感，我主动负责破冰开场和招生宣讲，队友负责登记报名信息，最后在2小时内成功招生10人，当晚地推团队业绩排名中上。

上述新增的亮点体现出的她的特质就更丰富了，包括熟悉推广的产品、快速学习话术、总结产品优势、以她为主导的团队协作、沟通表达、快速适应新环境等。这个故事拓展了她修改简历的思路，目的是让简历体现出的人物特质更加多元。当然，多元特质背后是差异化的成就事件。

后续是对现有的高度类似的简历事迹进行合并，同时再对不相似的经历进行立体化描述。因此，我们的视角就落到她去松阳支教这个故事上。松阳支教是学校暑期社会实践的品牌项目，支教的学生需要通过层层筛选才有机会入选，这在一定程度上反映出M同学较优秀的综合素质。当时我们班有多位同学成功入选该支教团队，因此我能够从不同角度打听到这几位同学在松阳支教的点点滴滴。

M同学也认为能够去松阳支教是她的成就事件。最初她按照如下方式描述这段经历：

● 积极协助教师完成教学目标，做好教学的辅助工作，并且有一对一形式的课后辅导课；同时负责班级学员管理服务工作，帮助主讲老师维持课堂纪律。

● 教学生简笔绘画时，了解学生的绘画基础并根据学生的能力与需求准备教学计划和课前教案，因材施教。课前课后都有互动。课后批改作业，定期做学生学情分析，激发学生积极性，进行沟通反馈，维护班级纪律，帮助孩子养成良好的习惯。

第1条描述体现的是"组织协调能力""认真负责"等已经提到过的特质，而第2条是一段全新的经历，值得仔细挖掘。细细了解，原来那一年支教团队分配给她的班级没有配合的支教同学（其他班级是2个支教同学，而她的班级只有她一个人）。原班级的任课教师因为个人原因没有及时交接，在这样的背景下，M同学需要跟一批陌生的小朋友见面了。可以说，她面临一批全然陌生的授课对象，同时需要重新学习简笔画课程并完成备课。这显然是不小的挑战。

因此，我们对松阳支教的成就故事进行如下修改：

● 独立承担《简笔画》课程教学，面向1~3年级共15名学生，课前自学绘画基础，提前准备好首次课程冷场的预案；课前克服初次上课的紧张，快速完成新环境融入，通过多种形式活跃课堂气氛。

● 调研学生美术功底，根据学生的不同能力和需求、期待的授课方式，差异化准备教学内容。

修改后的松阳支教故事，呈现出M同学快速适应环境、良好应对突发情况（临场发挥）的能力、快速学习的能力，强化了沟通表达、责任心、执行力等素质。

在充实完她的简历骨架的情况下，剩下的工作是修修剪剪的细节优化了。修改后的简历呈现的学生形象更加丰富和多元。整个修改过程，其实是我和她一起探索"我是谁"的过程，不仅让学生重新认识自己（也许是耳目一新的自己），还能够帮助M同学定位到更适合她优势发挥的工作情境。

难道M同学不知道自己亲身经历的故事吗？差别在于看待同样一段事实的不同视角，M同学看待自身的视角和旁观者看待M同学的视角既有差异又有重合。这让我想到了心理学上的约哈里窗户理论。

"约哈里窗户"理论由美国著名社会心理学家约瑟夫·勒夫特和哈林顿·英格拉姆提出。该理论认为个人认识世界的知识基本由四部分组成：公开、盲点、隐私和隐藏潜能。公开区代表所有自己知道，他人也知道的信息；盲点区代表关于自我的他人知道而自己不知道的信息；隐私区代表自己知道而他人不知道的信息，这些信息有的是知识性的、经验性的，甚至是创造性思维的结果；隐藏潜能区代表自己不知道，他人也不知道的信息，是潜意识、潜在需要。个人知识增长、认知提升的过程，包括扩大公开区，缩小盲点区和隐私区，揭示未知区。约哈里窗户不是静止的，而是动态变化的，个人及其社会支持系统可以通过内、外部的努力改变约哈里窗户四个区域的分布。

合适的就业机会需要一份恰当展现自我的简历作为基础。如德尔菲神庙上"认识你自己"的神谕所提示的，"我是谁"是需要回答的哲学命题。自我认识并不是一下子形成的，而是随着时间的推移不断发展的。可以说，人的一生都在回答"我是谁"的哲学命题。

自我是我们看待自己和界定自己的方式，由自我概念、自尊和社会同一性三个部分组成。自我概念的形成过程就像认知地图一样，结构化地组织许多不同元素，从而保存在记忆中。自我概念的形成需要借助自我感受，即个体解释周围所发生的每件事的出发点。比如，我们在看合影照片时，会不自觉地优先看自己，然后作出评价（比如照片没有拍好，没有把自己最完美的一面展现出来等）。大学时期是青年人努力形成自我概念的阶段，他们会对挑战自我感受的事件更加敏感。一旦青年人形成了相当稳定的自我感受，就会用这种感受去评价外部环境发生的事件。

也许不同个体会存在相同或相似的自我概念，但是对这些自我概念的评价不同，会形成不同的自尊。比如，不同的人对于节俭的自我概念存在不同的评价，有些人认为节俭是优良传统，而有些人认为节俭是小气抠门的体现。所谓的自尊是对自我概念的评价，个体之间的自尊水平会存在程度高低的区别。

自我概念一经形成，便能为人们提供一种连续的可以理解过去和现在，并指导未来行为的框架。个体会阶段性地以某种生活方式来定义自己，其自我感受会随着成长不断变化。这时候，个体将自己的一切呈现给他人，于是拥有了社会的同一性，这是个体的自我概念中相对持久的一部分。所谓"江山易改，本性难移"指的就是社会同一性。社会同一性的存在使个体带给他人一种连续感，也使今天的我和明天的我是同一个人。同样，同一性也让我们成为独特的个体。社会同一性让他人知道我们是谁，可以对我们产生何种期待。个体更容易加工与自我概念一致的信息。就像人际沟通中常说的"以对方希望的方式去相处"，其背后有社会同一性的深刻内涵。

成就事件的本质是一种关于自我的叙事行为，是个体对过去、现在和将来自我的理解，是关于自己的故事；故事中有过去、现在、将来、情节、具体的主题和一系列的角色。这些故事允许个体重构过去、预期未来，整合个体生活中发生的事件。整体的生活叙事提供了人生的生活意义和目标。讲故事的秘诀不在于提出"故事结果是什么"，而在于陈述"当事人面对无数难关是怎样坚持到底的"。正是故事引发的对抗与冲突画面感凸显了个体的趣味性。

有时候，我们会感觉生活中很多事件在重复，似乎已经陷入一种思维惯性，成就事件的价值就在于能够将做得很棒的事件挖掘出来。成就事件意味着个体在面对特定情境时所采用的独特应对方法，以及背后蕴含的独特思维过程。这个视角往往会打破自我历史周期率，找到看待自我的新视角，从而发现并确信自我优势。当然，让自我达到有意识发挥优势，并主动匹配适合发挥优势的情境，还有很长的路要走。这漫长的路不就是实现人生价值的路吗？

我们经常使用"只见树木不见森林"来描述个体认知中细节和整体的关系。一个人无法超越细节去把握全局，个体的知觉需要通过特殊的细节来掌握事情的整体要旨。正是个体对于环境的不同感知，间接塑造了自身独特的人格，即没有完全一样的两片树叶。而成就事件往往是对个体的解释风格进行修正。心理学家常用解释风格一词来表示个体对事件原因进行解释的通常模式，具体可以分为内在解释风格和外在解释风格、稳定解释风格和不稳定解释风格、一般解释风格和特殊解释风格等。研究发现，对坏事的解释风格对人的影响比较大，这里涉及悲观解释风格和乐观解释风格之分；前者指对坏事进行内在的、稳定的和一般的归因，容易让人感觉无助和无法改变；后者是强调对坏事进行外在的、暂时的和特殊的事件归因。我作为同学们个体之外的环境因素，也构成其社会评价的一部分，尤其是遇到同学们长期希望获得客观社会评价时，能够发挥一些可能的影响，促进学生个体的自尊水平提升。心理学研究表明，一个人在某一方面有高自尊，那么在其他方面也很有可能有高自尊。

所谓人生的伯乐，更多是用特别的眼光发现了千里马的独特性。千里马并非因为伯乐才具备优势。千里马本身存在价值，只是被掩盖了、遮蔽了；在恰当的时机，伯乐点透了其价值。也许，教师的职业价值之一就是成为学生成长之路的伯乐。

从笔者自身来看，愿意持续聆听同学们生命故事背后的动机，也许是这个过程带给我的趣味性。

生命故事是一段记忆，储存着丰富的情绪体验。人本心理学家卡尔·罗杰斯认为，共情意味着进入他人私密的感知世界，时刻保持对他人的变化、正在体验的情绪（喜怒哀乐、困惑等）、感知的意义保持敏感，在其中游离而不做任何评价。在某种程度上，共情意味着需要抛开自己，包括自己的偏见等。共情是一段复杂、强烈却又微妙温和的存在方式，它提供了学生所需的认可，认可他是具有同一性和价值的独立个体。通过旁观者角色发现学生的自我认知盲区，以及协助其重构生命故事后释放生命力量，让学生感受到自我情绪的调整，可能是从失望、悲伤、沮丧的情绪转变为兴奋，或者是释放内疚、焦虑的情绪，整个人的状态松弛下来。

纯熟的引导技能是打开教育艺术之门的钥匙。这样的行为和情绪调整也许是短期或者长期的，但的确是个体人生发展之路上，或大或小的转折点。在引导学生们走向更好自己的过程中发现的问题，成为我学习的动力源。带着问题去学习，将学习到的知识应用在实践中，知行合一，理论与实践相结合，学习结果与实践互为促进，加速学习者自身成长，这不就是教学相长的幸福吗？

男生搬宿舍楼的集体决策

因学校扩招，宿舍资源紧张，需要对部分宿舍进行"四改六"——四人寝改为六人寝。金工16级男生所在的宿舍楼（21幢）中除金工16级的29名男生外，基本已离校，因此对于这些留校学生的安排成为新问题。这里有宿舍楼搬迁和宿舍成员变动的两大任务，都不是班主任能直接拍板的小事。

投票决策搬迁方案

学校提供了两种搬迁方案：

方案1：整体搬入17幢301~307。301是5人寝，剩下的都是4人寝，刚好29个床位。

方案2：临时搬去17幢，等21幢装修好后再搬回21幢，但是住宿环境由原4人间调整为新的6人间，涉及宿舍成员变动。

两个方案各有优劣，都不完美。考虑到他们在校学习时间只剩一学期，方案2比方案1要折腾一些，选择方案1一劳永逸。从行政执行来看，由班主任指定其中任何一种方案，都会由于种种不满意而导致冲突。

为了避免这种情况，我尝试作为中立角色，发起针对方案1和方案2的在线投票。在决策时间充分的情况下，共计有20位男生参与投票（占比69%，超过2/3的利益相关者参与）。选择方案1的占100%，没有同学选择方案2。总体搬迁方案达成共识。

投票程序虽然让决策时间拉长，但好处在于让利益相关者充分了解可选方案，即实施自主选择权。我内心看重这类决策的相对自由度，尽管有限，但是代表了决策主体的能动性。我希望同学们能够意识到决策程序、决策结果和决策后果是一体。决策程序是形式正义，而决策结果是实质正义，形式公平是实质公平的保证。最终事实证明，利益主体充分参与方案1和方案2的决策效果为后续宿舍成员的重新分配奠定了群众基础。

跌宕起伏的宿舍成员安排方案

宿舍搬迁方案确定后，接下来就是29个男生从"2个五人寝+4个四人寝+1个三人寝"的原组合拆分重组成"6个四人寝+1个五人寝"的成员分配问题了。表面上看，这好像很容易，原有的1个五人寝中的1个同学调整到原有的三人寝凑成新的四人寝。问题在于：五人寝的1/5如何选出来？

● 同学们相处了3年，宿舍关系都比较融洽，忽然要把其中1人安排到相对不熟悉的三人寝，谁愿意做出牺牲？

● 为什么是五人寝调整，而不是四人寝调整呢？从这个角度思考也会产生冲突。

我首先理性摆正立场：利益相关者是29位男生，我只是调停者，但我需要跟所有男生面对面来聊一下现实问题。班会上，我一开始抛出了底牌：如果在截止时间前没有合适的方案，那么我会选择所有人打乱重新抽签的方式安排宿舍。我认为不能通过牺牲一个同学利益的方式成全其他人的利益。

这个会一开完，立刻有同学来表达不满。他认为："本来是两个寝室面临的困境，你现在通过这样'所谓'的公平，让所有人都面临福利的损失。谁想离开自己的室友？现在你的抽签无异于让所有人都吃点亏，好让要被选出来的那一个同学舒服一点，这种公平有效率吗？总福利的损失，远大于去做那两个寝室思想工作的成本。或许我可以认为你在逃避面对那两个寝室，所以想了这种'公平'的方法，好像大家都吃点亏就是绝对正确的。追求公平而公平，只是你的简便方法。我觉得去做一下那两个要被分的寝室的思想工作，是一个效益更高的方法。DaLong也说了，要是因为一个人要让这么多人搞这么麻烦，他在那两个寝室里面他也愿意自己站出来分出去；再或者争取一个五人寝。反正，于我个人情感或者整体的福利，抽签都不是最优的，我坚决反对。"

虽然我不是很认同他的观点，但是我捍卫他表达的权利。这位同学假设了最优福利即最小范围的调整，来自五人寝，跟四人寝无关，而他本身来自四人寝。

第二天上午，班长跟我说男生宿舍成员调整方案确定了，而且是皆大欢喜的方案：在2个五人寝中抽签选择谁即将离开本寝室，然后他可以任意带走1个同宿舍同学跟他一起去原有的三人寝，从而组成新的五人寝；原有的2个五人寝剩下8名同学，拆分成2个四人寝（按照不孤单原则）。这个解决方案的好处在于保证任何一个同学都不孤零零地去其他宿舍，在新宿舍他至少有一个来自原宿舍的同学。只是新的2个四人寝要求住对门或者隔壁，这样物理距离上离得近一些。

总体来看，仍然是主动牺牲了一部分同学的利益，保障了29位男同学的福利。这个方案创造性地解决了新宿舍成员的安排问题，是同学们基于实际情况自行探索的方案，其背后所涌现的"不孤单原则"价值观则是以男同学之间建立的长期兄弟情义为基础，没有这份开放和接纳新成员的心态，很难主动让步，并接纳新室友。

事情还没完

虽然室友确定了，但是还有宿舍号的分配问题，涉及宿舍朝向（朝南或朝北）。新宿舍楼除了301朝南，剩下6个四人寝有3个朝南、3个朝北。住在原宿舍楼四人寝的同学们享受了整整三年的朝南阳光房，内心一直认为只有朝南才是合适的选择；而原有的五人寝朝向为东，一直渴望体验阳光房。

原有2个五人寝的同学们说：老师，我们住了三年朝东的房间，一直没有见阳光，希望这次能够安排朝南的宿舍。原有的四人寝同学说：老师，我们一直住的朝南房间，这次也要朝南的。

谁都想住朝南宿舍，但是只有3个，怎么分配？没办法，抽签。最后通过每个宿舍派代表抽签的方式确定了新宿舍的朝向。

在朝南房间这类资源有限的情况下，我无能为力，因为宿舍的朝向是客观事实，不以我或者任何同学的意志为转移，所以只能从其他方面做一些力所能及的弥补，比如为同学们购买墙纸美化宿舍、上报原宿舍空调拆装等实际需求。

冲突不断的搬宿舍问题就这样顺利解决了。

陶行知先生曾经说过一个村里挖井取水的小故事，对我深有启发。

一个名叫和平学园的乡村小学开了一口井。井是学校开的，但是全村人可以使用。不久就发现两大问题：

问题1：井每天出水200担，不够全村人使用，于是大家都起早取水，后到的取不到水。总有比你早到的，甚至一夜到天亮都有人在取水。天亮时，井里的水已经干了。来晚的人只能一勺一勺地取，半天才能打出一桶水。

问题2：大家围着取水，争先恐后，有时甚至用武力解决。

如果按照学校即社会的思想，可以用学校的权力来解决这一问题。学校出个命令，大家遵照执行即可。按照陶行知先生的观点，如果按照社会即学校的办法，就提供了另一种问题解决思路。考虑到井水取用与全村人有关系，所以需要全村人共同参与来解决这一问题。于是他们开了一个村民大会，到场了有六七十人，讨论取水的议题；共同推举一个十几岁的学生做会议主持，学校的老师作为诸葛亮团，协助主持人完成议程。最后，共同达成如下决议：①水井每天休息10小时，自下午7时至第二天上午5时，违者罚款1元，充修井之用；②每次取水按照先来后到的顺序，先到先取，后到后取，违者罚款6角，充修井之用；③公推刘老先生为监察员，承担执行处分之责；④公推雷老先生为开井委员长，筹款新开一井，茶馆、豆腐店等用水大户应多出款，于最短时间内，由村民团结力量，将井建成。

我从这个故事中充分感受到何为利益相关者角色，并一开始就将其纳入决策过程。充分讨论与利益相关者切身的问题，这是召集的原则。

在学生问题上，学生是决策主体，班主任应引导大家一起完成决策，而不是替同学们决策。在宿舍搬迁事件中，决策主体是29名男生，而我是调停者、引导者、需求沟通中介，我不能替他们作决策。对于决策主体来说，每一次的参与保障了每一次值得信赖的决策结果，以及需要承担的决策责任。换句话说，让决策者意识到他本身在参与决策，而不是寄托于权威。

在上述集体决策三部曲中，同学们在每一个环节都做出了依托权威争取自身福利最大化的行为。而我作为行政权威角色，需要时刻注意自身行为的影响，确保兼顾到绝大多数人的利益，促进决策主体清晰认识个人利益、他人利益和整体利益，最终推动实现三方利益的平衡，以及合理化理解个人利益的损失和整体利益的达成。

当然，这次男生宿舍搬迁过程中，班级意见领袖发挥的作用不可小觑，他们的思想直接引导了总体进程。

班级的那些意见领袖们

班集体中也存在权威

德国社会学家马克思·韦伯认为权威有三个"理想类型":传统权威、卡理斯玛权威和法理权威。其中,传统权威是指从历史上传承下来的习俗传统中得到合法性,比如学生容易信服学校社团中的学长学姐的观点和态度,使学校的一些文化通过这个渠道获得维系和延续;卡理斯玛权威则是以领袖的超凡禀赋来获取追随者的认同拥戴,从而得到其合法性基础,比如班级中存在的一些灵魂人物,他们深得其他同学的认同,身边能够集聚起一群同学;法理权威则是依据民众所认可接受的公正程序而得到合法性基础,例如经过公平公正选举程序产生的班干。不同类型的权威模式隐含了权威支配者与受权威支配的群体之间的关系。

理想类型的权威在现实生活中并不完整存在。也就是说,实际运行的权威可能以某一理想类型为主,兼有其他类型的成分。班主任和经选举产生的班干倾向于行政管理制度赋予的法理权威。学生刚上大学,在传统权威方面会受到学长学姐的影响,但影响范围往往局限于社团或部门等组织中,班级内部受到传统权威的影响比较有限。班级当中有号召力的人能够自动发展形成一定的权威,呈现出有人信服、有人会因他的号召而行动的特征,我把这一类人称为意见领袖,符合韦伯提出的卡理斯玛权威类型。我认为理想的班干应该同时具备法理权威和卡理斯玛权威。如果不能把意见领袖们选为班干,至少应该令其与班干保持非常牢固的情感链接和心理认同,使其成为班干管理过程中可以发挥力量的重要群体,最好能够成为班级同学看得见的成长榜样。因此,这些意见领袖的挖掘和培育成为班主任管理的重要内容。

意见领袖之一：WeiWei

　　WeiWei在大一、大二学年先后担任班长、学习委员。在班长任上，他的表现只能说基本合格，原因在于他认为按部就班开展班级凝聚力建设，做好自己的分内工作就行，班干对他更多是个标签，但是他的勤奋学习态度和学习效果有目共睹。班干是一种角色和身份，背后蕴含着特定职责要求。因此，大二时我将WeiWei从班长调整为学习委员。在学习委员这个岗位上，WeiWei做得很棒，成为班级同学在学习方面的榜样。他注重提升自己的批判性思维能力，投入大量时间学好《经济学》等知识相对抽象的课程，注重用思维导图等逻辑思维工具对所学课程知识进行体系化总结。有一次，WeiWei偶然把自己总结的《经济学》课程思维导图发到微信朋友圈，居然成为期末给部分同学开考前复习培训班的重要契机。在学习金字塔中，教会他人学习是学习效果最好的方式。WeiWei成为临时上课老师，结合考试课程的复习要点，整理出符合同学们学习特征的复习提纲，并用1~2天时间进行详细讲解。WeiWei说："讲题其实是个学习的好方法。我给他们讲解的内容都是自己深以为有趣的内容，我总是尝试用最通俗的比喻去帮助同学们理解。讲课的过程不仅加深了所学知识的印象，还提升了自己的语言组织能力、思维能力。如果我只教他们怎么计算，而不讲明白背后的道理，那他们也只能机械记忆，跟大多数人的学习结果差不多。"开了这种考前培训的先河后，一到学期期末，一些同学便开始打听306宿舍（WeiWei所在宿舍）培训班开班时间。三人行必有我师，教学相长在这个互动过程中发生着，WeiWei获得了成就感和自我价值，同学们收获了更好的复习结果，考试取得较好成绩，这是一个双赢的过程。

　　班级里有一些同学对哲学很感兴趣，便自发组成了天文社这样一个交流哲学议题的"民间组织"，组织成员基本固定在4~5个（XiaoXia、XuJiang、WeiWei和ChaoJie等）。慢慢地，除学术交流功能外，天文社增加了心灵港湾功能。这些社员从共享相同兴趣爱好的朋友出发，逐步发展为相互支持的家人。就像WeiWei说的："天文社后续变成大家叙旧的组织，成为大家心灵上的避风港。通过心与心的交流，一段时间积累的疲惫得到缓解。天文社帮助我消解考研复习过程中的疲惫，让心灵得到放松。虽然我们都有自己的事情要忙，但是每每聚在一起就能感受到前所未有的轻松。"天文社给了社员们无条件的信任和关爱。

大三期间，WeiWei还组织了班级足球社。同学们自发参与，没有任何具体的制度，只需要将每周一下午开场的时间发到班级群即可。该民间社团的持续经营完全依靠同学个人的号召力以及大家的娱乐兴趣。在大三繁忙的学习之余，足球社成为大家放松身心的重要方式。事后，我问过WeiWei对组织大家踢球有什么感受，他说他没想到自己能有这个号召力。这个号召力不依靠任何行政权力，纯粹是在班级氛围下自主培养而形成。这本身体现出同学们对WeiWei的认同，而认同的基础离不开他自身的人格魅力以及对他人广泛的积极影响。

意见领袖之二：ChaoJie+GuoQing 二人组

大一班干竞选时，ChaoJie被选为团支书，大二调整为班长。事实证明，ChaoJie确实是非常合适的班长人选。ChaoJie身上有股正气，为人质朴、踏实、有集体荣誉感，能够规范自身言行，严格遵守学校的规章制度，成绩处于班级中上等水平；尊敬师长、团结同学、有困难迎难而上，认真及时完成老师交办的任务，同时也用心去提高做事的绩效，深得老师和学长的好评。他温和的性情跟原生家庭情况密切相关。ChaoJie家有一大家子人，爸爸、妈妈依靠双手勤劳养家，一家人相亲相爱，互相扶持。父母尊老爱幼，通过言传身教教导儿子如何做人。跟ChaoJie一对一交谈时，他提到对他影响最大的人是他的爸爸，爸爸给他传递了很多做人的道理，能够理解和倾听孩子。

最初，班级同学相互不熟悉，对学校层面的很多活动参与度不高，这时候就需要班干挺身而出、迎难而上了，这也是班干有集体担当的体现。ChaoJie没有退缩，而是勇敢顶上去，没有在苦差事面前撂挑子。其他班干将这些事看在眼里，佩服油然而生。

GuoQing跟ChaoJie是室友。在第一次竞选班干时，GuoQing的票数排名第9名，而班干名额只有8个，他非常遗憾地与班干身份失之交臂。但是，最后的实践表明，他是隐形的班干。GuoQing的天赋之一在于通过组织活动把一群人招待好。这个特征是后来他和MinJie在做盖洛普优势识别器测评时深入挖掘出来的。GuoQing具备一种能力，只要涉及集体，他就能够迸发出组织活动的各种奇思妙想，把班级活动搞得有声有色，比如班级茶话会、六一儿童节扫码抽红包活动、覆盖金工专业三个年级的晚会（唯一的一次金工专业晚会）、大四班级派对活动乃至班级传统的女生节活动等。每次活动的参与者有多有少，但是他能本着认真的态度去策划和组织活动。台前到幕后，GuoQing是优秀的节目演员和活动策划者。他的成长、能力和付出，班级同学都看在眼里。

ChaoJie的优势在于具有非常强的执行力，但在活动的创意方面相对不足；GuoQing的优势在于天马行空的活动策划才能和团队激励能力，但是执行力相对弱一些。两人在一起相互配合，取长补短，组成了班级活动策划与执行的完美二人组。班级活动的成功组织离不开他们两人的推动。正是这样一种多次相互帮衬的实践促成了二人的友谊，从室友、普通同学感情上升到战友友谊，成为携手漫漫人生路的朋友。

意见领袖之三：Shao

最初关注到Shao是因为他在大一下提出退学去重新参加高考的想法。当时他认为自己对所学的金融工程专业不感兴趣，与其在这里浪费时间，不如回去重新高考，创造重新选择自己感兴趣专业的可能。当时我们从选择的机会成本和自身的兴趣两个方面去分析了这个选择。关于选择的机会成本，当年的高考报名时间已经错过，退学重新参加高考意味着只能延迟一年报考，即理想的情况是2年后开始上大一。由于他在高中阶段是职高学习基础，考虑到竞争更激烈的因素（当前他们是第二批由高职管理、本科院校发放本科学历的合作办学试点），2年后职高学生考取本科的难度会更困难。关于自身的兴趣，Shao的兴趣在摄影、视频制作、图片处理方面，未来希望从事与视频处理、视觉设计相关的岗位，有明确的未来发展目标。经过分析后，他选择在确保成绩保持中等水平的基础上（满足获取毕业证书的学分条件），减少在金融工程专业学习方面的时间投入，将剩余精力投入自己感兴趣的领域。这个思路让他觉得毕业没有那么困难，我们也达成共识。因此他的心安定下来，不再想退学的事情。

为了鼓励他在个人兴趣方面的发展，我创造各种条件支持他去做一些关于视频编辑方面的兼职。通过外在环境不断给自己创造成长的机会，Shao在摄影、视频编辑和图片处理等方面进步很快。尽管很多时候他因为通宵完成任务而第二天早自修迟到，从他身上仍然能够感受到对摄影相关技能的热爱和专注。毕业后，Shao从事自媒体行业的工作，未来有可能通过家乡自媒体领域的创业，在国家乡村振兴战略大背景下，找到实现自身价值的途径。

Shao自身专业技能出众，还和BeiBei一起开了三目摄影工作室。不管工作室经营得如何，但是能够走出班级、走向学校，亮出自己的品牌，就值得为他们的勇气点赞。就像婴儿通过啼哭宣告自己的存在一样，只要存在过就是不可磨灭的存在。

Shao的自尊水平较高，这与他的原生家庭有关。他的朋友圈传递的很多信息涉及感恩家人。他能够妥善处理好人际关系，跟班级的很多同学关系非常好，且非停留在泛泛之交，甚至能够跟班级一些女生保持很铁的闺蜜关系。似乎，Shao把班级同学都当作兄弟姐妹。他的价值观是，重视亲密关系、坦诚对待他人。我跟Shao的信任关系的质变来源于一次批假：去跟女朋友和解。他与女朋友相恋多年，感情深厚，因此他来请假时，情绪意愿是非常强烈的。我在了解事件缘由后批了他的假，这件事让他认识到原来老师可以理解学生。因此，在之后的班级管理中，我得到了他的理解和支持，管理也顺利很多。

Shao很有正义感，一旦感到自身或他人受到不平等或不合理的对待，会通过发微信朋友圈等方式表达态度。如果事情控制力超出他的限度，他甚至会选择联系微博大V以便扩大事件的影响力，引起关注。之前班级发生过一些处理不善将可能成为学院舆情的事件，具体内容不表。事情解决的要点是把前因后果跟Shao一沟通，他理解并撤销了之前发给微博大V的诉求，最终没有把事件发展成学校的舆论公关事件。

意见领袖之四：NanNan

NanNan极其奔放热情且善于自娱自乐，是班级中独特的存在。他操一口地道的衢州口音，被衢州美食所滋养，是典型的吃货，举手投足间能够看出他对家人和衢州风土人情的热爱。NanNan是班级的开心果，跟他聊天，总被其清奇的表达所逗乐。但是千万不要被他的外表所欺骗，他非常理性。NanNan这样的个性使其在班级里积累了大量的群众基础。NanNan跟Shao是衢州老乡，同样具备正义感。两人一旦关注上某件不公平的事情想要为其发声，一定是合拍的。还好他们两个都能够听进我的解释。

NanNan是有梦想的，他的梦想就是当老板。他说："老师，我从小的梦想就是3个字：当老板。我的梦想很坚定，从没有变过。"他最初也很苦恼，感觉自己对课本这类知识性学习没有兴趣，觉得有些内容不经过实践，很难进入自己的脑子，感觉大学的学习离自己当老板的梦想有点远。其实当老板不就是创业嘛。创业不仅需要想创业的念头，还需要考虑创业的风险、创业的资源和创业的策略。NanNan的性格优势在于个性热情，看准机会马上行动；不足在于逻辑分析不够仔细，逻辑分析的体系性、全面性有待训练。NanNan毕业设计的指导老师是我，正好借着这个机会一起实践。考虑到NanNan的行动力来源于自己当老板的梦想，因此我建议他将毕业论文的选题定为与创业风险及规避策略相关。从毕业论文的文献整理到写作全流程，他对创业存在的风险有了一定的认识，而且通过论文写作训练提高了逻辑分析能力。NanNan在毕业后做出了当老板的尝试，他跟几个同学一起创业开了一家小吃店。我一直没有亲自去他们店里吃，甚是遗憾。

从NanNan身上，我看到一种家人创业的经历和家人的爱两者复合作用下的成长之路。他的家人从山东转战衢州自主创业，在当地带领一大家子人创业求发展。他的父母担心孩子创业太艰辛，希望孩子未来能考个公务员，过上相对稳定的生活。殊不知，父母敢于拼搏、勇担风险的特质已经融入基因，传递给孩子。

关于意见领袖群体的反思

班级中还存在其他发挥小范围影响力的意见领袖。充分团结他们，意味着整体把握了班级的思想动态及班级舆论导向。通过引导这些同学的成长，让他们成为自立自强、自力更生、开拓创新的班级成长先锋队的优秀代表。

如何发掘意见领袖呢？意见领袖的活动范围往往基于某一个小圈子，在他所辐射的圈子里具备思想引领性、行动开创性和社交广泛性的特征。对"广泛性"的理解要基于他原有的成长环境以及他自身社交的突破，比如突破本班级或突破同性别群体等。我采用的方法是充分沟通，去挖掘他背后千丝万缕的人际关系网络，找到网络的共同节点。

如何跟意见领袖充分交流呢？那时候经济不宽裕，所以我选择午饭或者晚饭时间带3~5个学生去教工餐厅吃饭。吃饭时学生往往能够放松下来，边吃边聊，容易迸发出很多可以聊的话题，把聊天进行下去。

意见领袖往往是班级社会支持系统的骨干网点（或信息收发中转站），对于班级的凝聚力建设起到重要作用。班主任统一了意见领袖的思想路线，开展学生的安全稳定工作将会顺利很多。

管理意见领袖的核心在于引导他们自身的学习态度和做人的价值观。这些内在信念的形成早于金工16级班级的形成，并非依靠班主任灌输特定的理念就能改变的。教育的本体是生命，教育的形式是"影响"，只有构建起交流、对话和碰撞的三层生命场域，"影响"才能发挥作用，才可能唤醒教育对象对自我价值的责任感和使命感。学生的评价标准是多元的，学生的成长不唯考试成绩论，还有其他的真、善、美等普世的标准。

班级强力胶

很多时候，学生培养的导向之一是就业市场的需求。企业通常很中意那些合群、主动的人，这类人往往在学校的成绩表现为中上水平，课外活动非常丰富。有些同学生而安静，安静成为他的独特力量。

世界的沟通，在于人的沟通；人的沟通，在于心灵的沟通。有时候，沟通也许能够让对方洞悉问题所在，但不能治愈。只有深层接触，才能消除人与人之间的疏离感，甚至孤独感。班级同学在安全的环境中充分接纳自己，体验那些不同的潜在自我，改变的自我会以他自身机体反应和内部经验为基础，而不是以他人的价值观和期望为基础。这些改变构成学生个体的信念意义体系，成为可依赖的生活基础，这些体验会为自己的行为和生活提供建设性指导。

MengMeng

MengMeng的独特之处在于能够共情和包容，时常能够理解班主任角色的无奈，让我觉得认识她是一种幸运。班级很多同学想找人聊天的时候，首先会想到她。按照MBTI测评工具，她的类型是INFP。NF大类的人属于理想主义者，爱好人类和平。通过充分倾听和共情，MengMeng给他人创造了无条件信任的安全环境。这种本能很多时候会被误认为是傻，我却认为其难能可贵。社会环境越是复杂，越难得保持一颗接纳和包容他人的心。

XiaoPing 和 JunJie

在班级里，与MengMeng特质相似的还有其他几个同学，比如XiaoPing、JunJie等。

听Shao说起过JunJie的故事：他大二退出学校文艺部后，还经常主动去帮忙，干搬椅子等服务性工作。可能他从服务他人的过程中找到满足感和价值吧。

发现XiaoPing，是因为在一次教工运动会上的偶遇，我拜托他帮老师们看管个人物品，然后以此为契机开始聊起来。XiaoPing分享了他的故事，包括自己的童年、父母、爷爷奶奶等。我还得知了XiaoPing不喜欢吃水果的原因——嫌麻烦，买起来麻烦，洗起来麻烦，吃起来麻烦，所以干脆不吃。BeiBei和XiaoPing是室友，BeiBei分享过XiaoPing的一个故事：他在宿舍总是主动打扫卫生，收拾垃圾桶。BeiBei看不下去了（其实是不好意思），就主动给宿舍买垃圾袋。XiaoPing很宅（宿舍），BeiBei尽可能拉着他一起吃饭、娱乐。这可能就是所谓的爱出爱返，各自用自己擅长的方式去照顾他人。

在大三、大四的时候，我把JunJie和XiaoPing发展成了班干。我只能用nice（令人愉快的）来表达对他们的肯定。

MengMeng在给我的毕业明信片中留言说：没想到和老师可以成为朋友。XiaoPing在毕业明信片留言中也表达：大学因有班主任而显得特别，会为班主任的肯定而开心。可以想见，付出真心的同学，也渴望获得对方真心的反馈。作为班主任，虽然不能给他们多少物质上的奖励，但是可以给予人与人之间充分的信任。

这些同学有一种特殊的能力，即感知他人的情绪，并产生共情。情绪是一种起伏的状态。人的情绪实际上会伴随着明显的主观感受，同时可能伴随着生理上的变化，比如神经系统的变化，呼吸、心率、肌张力、血液中化学物质的变化，外显的身体姿势或面部表情也会出现相应的变化。个体的情绪会增加其产生特定行为的可能性。"兴高采烈""手舞足蹈"等成语是对快乐情绪的描述。当局者迷，旁观者清，情绪是短暂的，大学生群体对自身情绪的感知往往滞后，甚至无感。有趣的是，达尔文在《人类与动物的表情》一书中研究情绪和表情在进化中的功能，他认为情绪和表情是针对即将发生的事情进行信息交流，从而提高个体的适应性。而这类"强力胶"同学能够敏感获取对方未通过语言表达出来的身体"语言"，从而准确把握对方情绪的变化，做出恰当的反馈，这本身就是一种特殊的能力，而且这种能力会融入个体自身的情绪中，形成独特的气质。

我也很好奇，为什么自己能够从上任班主任之初就发现和识别他们的需要，可能正是这些同学的存在，让我也感知到我对同学们之信任的宝贵。也许，我们彼此需要。

抗"疫"打卡故事

2020年是不平凡的一年，全国进入抗"疫"状态。疫情就是命令，防控就是责任。2020年1月20日上午，浙江卫健委发布"发现5例疑似新型肺炎病例"的消息；当天下午，习近平总书记作出重要指示，要求全力做好防控工作。很快，学校层面的学生防疫工作管理要求下达，要求班主任守好责任田，从2月6日开始，和学生一对一保持联系，确认学生每天平安在家。由此，疫情打卡故事开始。

颇费心思的打卡设计

从学校管理的角度考虑，可以理解并支持学生每天上报健康状况的管理措施。由于自动打卡功能未上线，只能临时采用班级微信群刷屏回复信息或者其他在线方式获取健康信息。实际落实时，我发现这件事做起来干瘪瘪的，自己就像一个没有人情味的机器人在发布任务，很容易给学生造成"完成管理任务"的冷冰冰印象。疫情特殊时期，健康打卡本身是从上到下的一种关怀，如何才能既传递温度又顺利完成任务呢？一开始我很苦恼，没有找到好的解决方案。

刚好，我看到了小学生在家花式打卡的新闻报道，灵感迸发——原来我可以通过一些有趣的互动来让打卡变得有意思。于是，打卡方式演变成了每天一道"灵魂拷问"。有些"灵魂拷问"适合公开给所有同学，有些"灵魂拷问"的回答更适合精挑细选后发给大家细细品味。因此，不太适合采用微信群接龙的方式回答问题，需要一对一、背对背填写信息。

最终我选择使用在线提交问卷的形式反馈健康情况，不仅确保填写的私密性，还可以在提交问卷后抽取拼手气红包，算是一种激励措施。拼手气红包后期每天固定为20个左右，红包金额1~2元不等。从全班来看，红包的获取概率为40%。在编辑问卷过程中，我发现问卷封面可以编辑（尽管使用手机打开问卷看到的照片区域比较小，但仍然能够看出照片的内容），所以每天一张有意思的老照片就成为除红包外的第2个彩蛋，"灵魂拷问"则作为第3个彩蛋。乍一看，每天的打卡内容相对有趣很多，希望我的小心思可以一定程度上把同学们的注意力从无感的打卡任务转移到每天的"新信息"（包括拼手气红包、老照片、"灵魂拷问"）上。最后需要确定的问题是每天什么时间群发消息。经过之前联系同学们的反馈来看，同学们的活跃时间基本上在上午11点至晚上10点之间。

一切准备就绪，等待着2月7日的到来。希望抗"疫"期间，我们共同留下一些美好的回忆。以下摘录了一些有趣的片段。

2月7日

@所有人

同学们，每日花式健康打卡开始了，地址是https://××。3大彩蛋：①问卷提交后微信红包抽奖（今天试运行，限量15个红包）；②今日老照片（限于腾讯问卷封面不能放大，将就着看）；③"灵魂拷问"：疫情结束后，你第一件事会去做啥？

关于"疫情结束后，你第一件事会去做啥？"这一问题的回答整理如下：

享受生活型：去外面吃顿饭、旅游、出去耍、看电影、吃喝玩乐、吃顿好的、去外面吃一顿、吃部队火锅、喝奶茶、大吃一顿。

改头换面型：烫头哈哈哈、剪头发。

努力奋斗型：减肥、把汉服出了、找工作、找实习、上班赚钱、应聘心爱的公司、找房子。

容易满足型：出门、走走、出去玩。

交流感情型：见最想见的人、跟朋友补上过年的聚会、去找女朋友、见一个人。

2月8日

@所有人

同学们，2月8日的健康打卡开始了，地址是https://××。3大彩蛋：①问卷提交后微信红包抽奖（今天是18个红包）；②今日老照片（Xiang和JunHao开学第一天合影）；③"灵魂拷问"：抗"疫"期间，你每天在家的平均运动步数有多少？

最后汇总大家的结果如下：

抗"疫"每天运动步数	占比
0~99	16%
100~499	42%
500~999	10%
1000~4999	24%
5000~9999	8%

这个话题引发了同学们在班级微信群的有趣对话。

GuoQing：5000步是在他家几千亩的别墅散步吧！

XiBing：还记得那个吃火鸡面的夜晚吗？

GuoQing：记得。

XiBing：那是我们随风奔跑的青春……

班主任：哈哈，我也想知道，@ChaoJie 在吗？

GuoQing：六月份再来一波。

YiFan：我还寻思实操应该过不了。

班主任：我们班在家运动步数冠军是ChaoJie，步数高达7000步，ChaoJie 分享下经验！

XiBing：少吃零食多睡觉。

班主任：@ChaoJie @ChaoJie @ChaoJie

GuoQing：ChaoJie 家里可是山间独栋别墅。

GuoQing：每天绕山环视他家的领地。

班主任：每天上下楼多层运动。

ChaoJie：公园里跑跑步就有了，实在不想出去，在家一边刷剧一边踏踏步。

2月9日

@所有人

同学们，2月9日的健康打卡开始了，地址是https://××。3大彩蛋：①问卷提交成功有18个微信红包抽奖；②今日老照片（开学第一次班会）；③"灵魂拷问"：这段时间，你的体重增加了还是减少了？

体重是某些人生命中不可忽视的存在。面对这个灵魂拷问，同学们还是比较乐观的，不信你看结果。

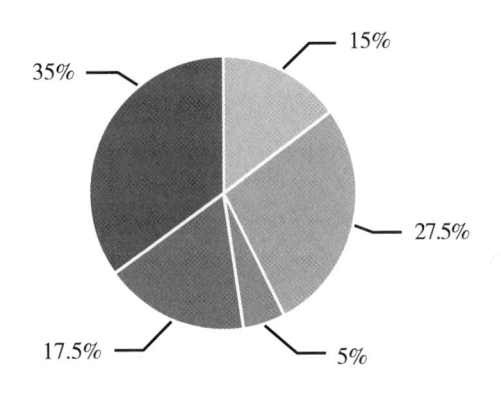

- 可能增加了不到1kg
- 可能增加了不到3kg，但是应该超过了1kg
- 很悲催，可能增加了超过3kg
- 应该瘦了至少1kg
- 应该没胖也没瘦吧

这个话题同样引发了班级微信群的有趣对话。

班主任：我很好奇，感觉自己瘦了的同学是怎么对待自己的？比如@Xiang @MengMeng

MengMeng：睡觉。

MengMeng：多睡觉。

Xiang：就是瘦了。

Xiang：我也不知道为什么。

班主任："葛优躺"也能瘦，看来其他同学在躺功上还有提升空间。

班主任：@GuoQing 你说你感觉自己增重比较多，满足吗？

GuoQing：我想出去健身。

GuoQing：可惜情况不允许。

JianQiang：可以爬墙玩。

Tao：怕是会被抓起来哦。

JianQiang：看到再爬回去。

JianQiang：多锻炼啊！

JiaLin：出小区都要通行证的。

Tao：对呀。

JiaLin：今天我7000步。

JiaLin：大家请隔离我。

JiaLin：小心我顺着网络传染你。

班主任：@JiaLin 出去买到拌饭酱了？

XiBing：@JiaLin 热干面好吃吗？

YiFan：小区都不让出入。

GuoQing：听说最近超市买菜的都是大老爷们，菜买不来不说，买差了还要挨骂。

Tao：价格贼贵！

班主任：哈哈，买菜也是项技能，但是大老爷们才拎得动一家人几天的菜。

GuoQing：看抖音里面的短视频，买个菜还要视频联系，太难了。

班主任：术业有专攻。

YiFan：现在的肉每斤35元，都快吃不起了。

Tao：豆腐干比鸭大腿还贵。

JianQiang：买年糕吃炸年糕吧！

2月10日

@所有人

同学们，2月10日的健康打卡开始了，地址是https://××。3大彩蛋：①问卷提交成功有18个微信红包抽奖；②今日老照片（军训大头合影）；③"灵魂拷问"：分享一个抗"疫"期间你经历的或听到、看到的最有趣的事？

公布结果的时刻到了，同学们遇到的有趣事情还不少，可见群众的智慧是无穷的。

回答1：等疫情一过，要么养出一群胖子，要么饿出一群瘦子，要么憋出一群疯子，要么就造出一群孩子。感染科好了，精神科开始忙了，精神科好了，妇产科又开始忙了，妇产科好了，儿科又要忙了。多年以后，孩子问爸爸，为什么这么多人和我同一个月出生啊？爸爸回答说这件事啊，还得从一只蝙蝠说起……

回答2：买了几百个口罩最后能拿到手的只有50个；收到6条所买的口罩被店家征收的短信；防毒面罩店主信誓旦旦保证12月30日发货，结果人走店空。

回答3：我们小区进出要检查汽车后备厢，原因是发生过人躲在后备箱里的事。

回答4：大爷拿卫生巾当口罩用。

回答5：我家楼下天天下午会有小朋友背诵乘法、加法、减法。

回答6：出门前不剃胡子，现在已留10天。

回答7：开水泡饭天下第一。

回答 8：我步数上百了。

回答 9：无人机喊话戴口罩。

回答 10：年后因为疫情，我爷爷把自家的棋牌室关了，之后可能是村民们太无聊了，偷偷溜进棋牌室又搓起了麻将。

回答 11：这个春节吃得好啊，本来给亲戚客人准备的菜都被我吃了，嘻嘻嘻，坏消息是差不多吃完了要出去买了，有点担心。

回答 12：据说想象自己在坐牢，这样还有手机和网络，还会认真规划自己的"牢狱生活"，在家的一切烦恼迎刃而解（当然你要想象得足够仿真）。

回答 13：口罩贵且难买可以理解，但是镇上羽毛球都卖 6 块一个，而且还很难买到。

回答 14：我们家的鸡下蛋了。

回答 15：每晚和父母一起锻炼做操。

回答 16：两兄妹受父之命赶鸭子。

回答 17：快递到了半个多月，都不敢去拿。

回答 18：大爷用矿泉水桶作头套。

回答 19：最有趣的是人性。小女孩捐出自己所有的积蓄，一蹦一跳地离开，因为心中有光。医护人员离开自己的女儿奔赴抗"疫"一线，女儿带着哭腔安慰妈妈，因为心中有爱。可相反，某小区物业投票禁止医护人员回家，某领导企图瞒报疫情。在微博上，看到了太多人性的善与恶，一边感慨人怎么能善良到这种程度，一边气愤人为什么可以坏到这种地步。慢慢见得多了，想明白了，无论这世界坏到什么程度，都要保持自己心中的光，这是避免自己陷入曾厌恶的世界的唯一办法。

回答 20：长辈疯狂转发谣言，我疯狂辟谣，还惨被踢出群聊

2月11日

今日"灵魂拷问"：回顾大学生涯，①剔除知识和信息，你学会了什么（比如方法、价值观等）？或者你留下印象最深的认知是什么？②你为什

么觉得它很重要呢？

整理完同学们的回答，我感觉他们都是生活哲学家。

回答1：反省自己前段时间的所作所为，以及行为方式，并且思考是否有需要改进的地方。我觉得这样能帮助我更好地提升自己。

回答2：做事情要合理安排时间，同一个时间主要做一件事。因为我的效率只有在专注于同一件事情的时候才会非常高，这样既能高效完成任务，又能保证任务的完成效果。

回答3：之前听说文华（学生餐厅）一楼吃饭很有人情味，当时我并不这么觉得，心里想不就是有人帮你盛饭嘛，有点夸张了！后来自己偶然去文华一楼吃饭，遇到的阿姨特别亲切，问我要什么，就连不在她眼前的菜，只要我选，她也愿意帮我去打，还会跟我对话，最后给我一些萝卜汤。那一顿我真的吃得很满足，从那以后就经常去文华一楼吃饭了。某一天突然想起那句话——"啊，是啊，我终于明白你的心情了"，真的很有人情味啊！

回答4：意识到一切要靠自己了，因为年龄原因。

回答5：过多的辩解会让争论无休止地进行，因人而异。

回答6：昨天会被遗忘，明天可能不会到来。做好眼前事，珍惜眼前人（生了一场大病之后的感悟）。

回答7：祸兮福所倚，福兮祸所伏。

回答8：脚踏实地，少做白日梦。人总是对未来充满了希望和憧憬，但不去做，慢慢就变成了白日梦。梦想要有，但是不是光靠想，而是去努力实现。

回答9：眼界决定境界。以前在一个小圈子里，一点点成绩就足够沾沾自喜很久。踏出了这个圈子，才发现才华横溢的人才比比皆是，周围的人越是优秀，自身存在的不足越发显露无遗。

回答10：一个悖论，"那些令人醍醐灌顶的道理，除非亲身经历，否则永远都无法理解"。不同的主体对于同一事物的理解不同，会受到认知、性格及家庭背景等因素影响。所谓道理，是人根据自己独特的经历，运用理性思维提炼而出的产物。看到别人感慨一句普世的道理，无法回溯出别人的经历。一句道理一个宝藏，只有积累了足量对应的感性材料后，才可以解开属于自己的解读。道理"愤怒影响你的判断"，可能在情侣吵架导致分手后；可能在丈夫失手杀死妻子后，刑期已满；也可能在屏幕前自以为是的读者脑海里……那么照这么说，听道理真的是一无是处吗？这世上其实没有什么道理能让我们醍醐灌顶，真正让我们醍醐灌顶的，是我们独特的经历。而那句道理，只是火药仓库内划燃的一根火柴。

回答11：大学生涯学会的最主要的是一种意识，是一种对社会、对自己、对未来的态度。各种物质、知识之类的东西是基础，我觉得意识、态度什么的才是一个人最核心的东西，是与其他相区别的根本。

回答12：做自己觉得对的事，这句话对我来说就像狂风暴雨中的灯塔。

回答13：感情靠日常交流维系，多关心身边爱你和你爱的人，不要让他们等久了。

回答14：大学期间让我知道临时抱佛脚还是有点用的，但是有用的程度跟抱佛脚时长有关系，所以说不要轻易放弃，有点自信，努力一下或许有用。

回答15：不试一试怎么知道自己行不行？

回答16：生活、学习不能依靠别人安排，要自己争取和奋斗。我觉得路是自己走出来的，应该是没有标准答案的，每个人目标不同。

回答17：学会了生存和做人。即将步入社会的我们在职场上或多或少会有各种难题和委屈，需要我们自己学会克服和自我调解，才能更好地继续下去。

回答18：大学读完，我觉得很多事情不能用一种方式来思考。多切换些角度，用不同逻辑去思考很重要。

回答19：理论是实践的基础，实践价值高于理论价值。

回答20：没有不会做的事，只有不去学的人。因为除了靠自己，没有其他人能让你每时每刻依靠。很多事都是逼着自己学会的。只有自己强大了，才能做更多的事。

回答21：早睡早起真的很重要。虽然在床上很舒服，但是很多时候都是睡醒了赖床而已。比起这样，抓紧时间起床就会发现多了很多时间，能够做很多事。

回答22：并不是所有的努力都会带来预期的成果，但你要学会接受任何结果。我们害怕自己会消极，会中途放弃，所以很多时候大家都乐于宣扬努力就会有好结果。但其实不是的，一个结果会受到很多很多因素的干扰，可能会失败也可能会成功。大学四年，我一直企图认清努力的意义，只有认清努力的本质、意义，而不是依靠不断自我催眠，用唯一正向的结果安慰自己，才能让自己经过不断努力却遇到非预期结果的时候不会那么沮丧，成为一个包容的人，接纳一切结果。我们总是倾向于好的结果，但片面的观念往往会把你从天堂拖进地狱。我现在能理解的努力大概就是"但行好事，莫问前程"。

回答23：以前下雨天，我会去找水坑踩着，"DuangDuang"前进，现在遇到水坑也不会去踩了。

回答24：身边每个人都很单纯可爱，在一起玩每一天都很开心，怀念大学生活。

回答25：积极主动地做事，参与活动，虽是一件件小事，但四年下来发现自己已经收获满满，成长了许多。

回答26：珍惜时间。一眨眼，大学四年就过去了。

回答27：多珍惜大学生活——工作后的体会。

回答28：最大的收获是认识到忍耐力和适应能力的重要。不管到哪个环境中或者某个地方工作、生活，都需要你自己去融入。你会在特定阶段遇到各种各样的困难、麻烦、烦心事，能忍才能尽快适应，才能更好融入。

回答29：印象最深的应该是在没有做一件事之前不要先觉得不行，而是先去做。做过复习的练习以后，考一次才能知道自己的程度，比如考证。其他事情也是同理，觉得有必要或者有用就努力。看不清自己能力的情况下，试一次就能客观了解，先不要否定自己（当然，自律更重要，自律在于愿意投入时间，我还在加强自律）。

回答30：喝酒真的是一门社交艺术。酒局上的表现太能体现人的性格了，能看出很多，尤其是喝醉后人们的表现，十分有趣。

回答31：知耻而后勇。有时候，不去感受别人多优秀，就不知道自己有多"菜"。会感到悔恨与不甘，感受痛苦与压力，才能坚定自己的决心。

回答32：鱼和熊掌不可兼得，（这是）亲身经历。

回答33：很多时候学会了怎么区分朋友、好朋友、普通朋友和路人，不适合就是不适合。

整理完同学的答案后，好奇心油然而生，按捺不住交流的欲望，好奇他们"收获"的种子和播种的历程。

WeiWei的收获：

一个悖论，"那些令人醍醐灌顶的道理，除非亲身经历，否则永远都无法理解"。不同的主体对于同一事物的理解是不同的，会受到认知、性格及家庭背景等因素影响。所谓道理，是人根据自己独特的经历，运用理性思维提炼而出的产物。看到别人感慨一句普世的道理，无法回溯出别人的经历。一句道理一个宝藏，只有积累了足量对应的感性材料后，才可以解开属于自己的解读。道理"愤怒影响你的判断"，可能在情侣吵架导致分手后；可能在丈夫失手杀死妻子后，刑期已满；也可能在屏幕前自以为是的读者脑海里……那么照这么说，听道理真的是一无是处吗？这世上其实没有什么道理能让我们醍醐灌顶，真正让我们醍醐灌顶的，是我们独特的经历。而那句道理，只是火药仓库内划燃的一根火柴。

我首先选择了WeiWei，他的答案至今都影响着我，尤其是"那句道理，只是火药仓库内划燃的一根火柴。"于是有了如下的对话。

班主任：WeiWei，你的回答让我觉得好深刻，好像能够回应"为什么我懂了很多道理，仍然过不好这一生"。

WeiWei：那要看对"懂"的定义了。道理和人生可能也没有必然联系。

班主任：我提出这个"灵魂拷问"的原因或者出发点，其实是想问问同学们，剔除知识和信息，你懂的道理是什么？

WeiWei：有点看不懂问题。

班主任：自己用人生践行的道理，最后会融入自己的三观，进而影响自己的人生走向，这其实就是"认知升级"。我怕大部分同学不理解"认知"这个词。如果提问换成"大学期间你学会了什么"，同学们可能会不由自主地联想到学了哪些知识或课程、考过哪些证书等。

WeiWei：认知这个话题确实很复杂，我自己可以做得很好，但是想要教别人就无从下手。

班主任：真的挺难。

WeiWei：懂，但是输出严重受损。

班主任：在引导别人的时候尽力而为就好，总有惊喜。

WeiWei：其实我也发现输出的弱点了，感觉自己知道很多，但是都很零碎，想要完美表达总是要花费很长时间，甚至有时候表达不出来，就是"我说不出来，但是我就是懂"。针对这一问题，我打算对过去灵感突发时写下的句子进行解读，只是一直没有执行……

班主任：过了那个度，是不是感觉有点"强人所难"了？你还记得大二的时候你找陌生同学聊天的KPI吗？

WeiWei：记得。我觉得这是探索输出的方式。表达不是可以通过专项训练提升吗？我觉得自己缺乏这种训练。我现在指的表达是广义的表达。

班主任：嗯，你说的训练应该就是刻意练习吧。针对自身短板进行基础性技能训练是有必要的，目的是不让这块板太短。只是希望训练的过程不让自己难以坚持，核心还是得有行动力不是吗？

WeiWei：哈哈哈，我缺乏好的教练，缺乏反馈，自己在探索适合自己的方式。

班主任：慢慢来，时间给你好味道。

WeiWei：嗯嗯。

题外话：跟WeiWei聊天过程中，忽然想到跟他在2019年10月的一次聊天。那么聊天的主题跟他的收获相关。

有一天我去诚信讲学堂的路上，看到WeiWei评上十佳大学生的事迹挂在楼道宣传栏里，我拍照发给WeiWei，于是有了这样一次对话。

WeiWei：好久没和班主任聊自己了。我还记得（一年半前）大二的时候向你抱怨自己连系里的学习之星都没能评上，今年上学期已经拿到了校里十佳。两年过去，我对这个奖项的看法也发生了很明显的变化。以前我争取它的时候，觉得这是件华丽的外衣，我要穿上它才能显出自己与众不同，后来我觉得它是首饰，作为装饰品的定位并没有那么有吸引力了，但谁都喜欢精美首饰。特别感谢班主任大一的时候引导我进行的思维改造，以至于我形成自己的一套认知框架，后来我可以自己不断更新迭代了，这是我在大学形成的最宝贵的东西。不求初速，但求加速，我也一定会继续努力的！谢谢老师了。

班主任：嗯，听到你这么说，我为你的成长而高兴。这应该是读大学的本质，大学学习的不仅是知识，还有独立思考和社会责任感，是成"人"和成"仁"的教育。不依赖任何所谓的技能，因为随着技术发展，所掌握的技能都会更新迭代。自身不断迭代的操作系统才是核心竞争力，跟芯片一样，是最稀缺的资源。

班主任：还有，我今年才知道国家奖学金全校只有不到20个的名额，本学院每年的名额只有2个。

WeiWei：哈哈哈，去年学院只有1个名额（自夸一下），全校只有8个名额。

WeiWei：最近我在靠学习传统文化洗除自身的戾气，现在我就凭一句简单的"持身勿轻，用意勿重"支撑着我面对各种焦虑。我感觉很多道理像是钥匙，只能打开已经拥有的宝箱，未到高度或者说还没有找到属于自己的宝藏，它就难以发挥作用。我要博学于文、约之以礼，努力做一个胸有激雷、温润如玉的人。

JiangQi的收获：

并不是所有的努力都会带来预期的成果，但你要学会接受任何结果。我们害怕自己会消极，会中途放弃，所以很多时候大家都乐于宣扬努力就会有好结果。但其实不是的，一个结果会受到很多很多因素的干扰，可能会失败也可能会成功。大学四年，我一直企图认清努力的意义，只有认清努力的本质、意义，而不是依靠不断自我催眠，用唯一正向的结果安慰自己，才能让自己经过不断努力却遇到非预期结果的时候不会那么沮丧，成为一个包容的人，接纳一切结果。我们总是倾向于好的结果，但片面的观念往往会把你从天堂拖进地狱。我现在能理解的努力大概就是"但行好事，莫问前程"。

以下是我和JiangQi当天的对话记录。

班主任：什么样的契机令你产生了这样深刻的感受？
JiangQi：哈哈哈哈哈哈哈哈，代价是四年的挫败。
班主任：为什么四年是挫败的？
JiangQi：失败总是能教会我一些道理。
班主任：四年的挫败，听上去是悲观的？
JiangQi：就是四年的第二啊，不管怎么做都是第二，每次都差一点。
班主任：原来如此。

JiangQi：但是值得珍惜，甜的要尝，苦的也要尝。迟早要学会调节自己，我觉得大学四年比高中三年更容易接受自己，但还是高中三年更快乐一点，哈哈哈哈。

班主任：大学四年看到你的付出，看到你一直在坚持。感觉你思维成熟很多，你能不能跟我分解下大一、大二、大三、大四你的思维成长变化呢？

JiangQi：大一，受到一点挫败就灰心丧气，不停地怀疑自己。大二，开始能接受失败，但要调整好久，遇到难题就不想接触，直接放弃。大三，尝试理解失败，慢慢从失败里学到它要教给我的东西。大四，利用失败的经验，下一次做得更好。大四时我能完完全全接受自己的失败，我开始注重自己能或者应该做到什么程度，而不是只关注我这么做会不会失败，那样做会有什么结果。我觉得是我高中三年太顺利了，所以这是人生需要提前认识到的东西。

班主任：你的反思好深刻啊！原来接纳失败的背后需要经历那么多。

JiangQi：从大一开始就怀疑努力的意义。考研备考这一年一直在思考，大学四年到底让我知道了什么道理。备考一年还蛮值得珍惜，解答了我所有的困惑，我觉得这四年是值得的。

班主任：解答了你的哪些疑惑呢？

JiangQi：到现在为止，我人生中应该感谢哪些人？为什么要努力？怎么才能做好一件事？如何调整自己？被质疑要怎么做？人真的能做到"不以物喜，不以己悲"吗？很多很多，高压下会思考很多事情，很容易就想透。

班主任：这些提问是怎么形成的呢？

JiangQi：做题，反复做反复错的时候，晚上一个人从图书馆回寝室的时候，一个人在信息楼早读的时候，一个人去吃饭的路上，这些问题突然就冒出来了，应该是以前积压下却没想明白的。

班主任：现阶段找到这些问题的答案了吗？

JiangQi：在我这个阶段是找到了答案，或许以后还会改变。

班主任：这很正常，认知受环境影响。你现阶段的答案分别是什么呢？

JiangQi：到现在为止，我人生中应该感谢哪些人？我在年度总结中写了，父母、朋友、恩师，也写了分别感谢什么。

班主任：天，你还有年度总结，这个很牛！是否可以把2018~2019年的年度总结发给我学习下呢？

JiangQi 的总结

为什么要努力？当你不满一个环境，最好的应对办法就是努力。人生短短几十载，应该看看自己没有见过的世界。努力会让人忙碌，那种充实感会让人获得极大的满足感，而满足感会给大多数人带来快乐。同时，它让你把重心放在自己身上，你不会容易嫉妒、愤懑，很多时候你会发现讨厌的自己消失了。努力让我有成长的方向，让自己躺在床上不能动弹时能回顾这一生是值得的。

怎么才能做好一件事？想好大致框架就可以实施。世界上没有完美的方案，等待最完美方案的人往往会错失良机。只有相对可行的方案是最好的方案。

如何调整自己？找到自己情绪的突破口，不同的人采用的方式不一样。同时要接纳自己，接受失败，允许失败，甚至鼓励失败。这个世界是可以允许瑕疵的，不要比较，任何一种人生都是最好的人生。

被质疑要怎么做？只需埋头做事，时间和结果会告诉你更应该在乎什么。

人真的能做到"不以物喜不以己悲"吗？可以，但很难，因为人们总是在比较。

JiangQi：事实上，我已经连续写了5年年度总结，每年跨年12点发。

班主任：（人人都期待）轻松前行。看你的总结，有点负重前行的感觉。

JiangQi：其实是减负，把话说出来就会忘记，会变得轻松，把难过和不好放在总结里，带上的是经验。

班主任：原来如此。

BeiBei的收获：

大学读完，我觉得很多事情不能用一种方式来思考。多切换些角度，用不同逻辑去思考很重要。

以下是我和BeiBei当天的对话记录。

BeiBei：我觉得自己在微信上不太会聊天，当面聊天总是能滔滔不绝。
班主任：为啥呢？都是一样需要思考的过程。
BeiBei：我思考过，可能是懒得打字。
班主任：那你发语音跟我补充说说你收获的道理？
BeiBei：我好像在哪里看到"人不能只有一种思维模式"。
班主任：这句话让你联想到什么呢？
BeiBei：然后我就想，很多事情是不是要用不同的方式去思考。最近跟女朋友交流发现，男女思维区别很大。
班主任：具体区别在哪里呢？
BeiBei：我说东，她可能觉得我在说西，但我就是在说东。
班主任：产生分歧的原因是你没有说明白？
BeiBei：我要是知道原因，可能就不会经常跟她吵架了。
班主任：所以你有疑问，但是暂时没有找到答案。
BeiBei：暂时没找到。

Tao的收获：

以前下雨天，我会去找水坑踩着，"DuangDuang"前进，现在遇到水坑也不会去踩了。

我觉得这个回答很有趣，就私下询问他，同时把这个回答发到了班级微信群，让大家猜猜看这个同学是谁。

班主任：班级群里在猜踩水的是哪位同学。
Tao：我看到了。
班主任：我也觉得踩水挺有趣。
Tao：我觉得这个班里被我"坑害"过的肯定知道是我。
班主任：不一定，真不一定。一般来说，别人都记得你的好哟！
Tao：踩水坑呀，我和他们一起回宿舍的时候，有时候会踩水坑，把水溅到他们身上。
班主任：看来你经常踩水坑。从什么时候开始不踩了呢？
Tao：不知道，就是莫名其妙地觉得已经不想去踩了。以前是，就是想去踩。
班主任：踩水坑的感觉怎么样？
Tao：感觉就是很好玩。
班主任：小时候也喜欢吗？
Tao：嗯，反正就是喜欢玩，我高中还经常晚自习吓人。

没有认知的冲突就没有思考和答案的探索。灵感的自然流露是无数次思考和实践的结果。

2月12日

今日"灵魂拷问"：众里寻他千百度，蓦然回首，那人正在灯火阑珊处。想象此情此景、此时此刻，如果有一个人的画面进入你的脑海，他/她跟你的关系是？简要说一件你跟他/她的故事。

我精选了有个性的回答，总体感觉男生挺感性的，女生挺理性的，这个结果让我甚是汗颜。

回答1（回答者性别：男）：看了封面，显然第一个进脑子的就是樊同志了，我们是好朋友的关系。过超无聊的圣诞的时候，她给我的头像加了个圣诞帽。小樊超会体贴人。

回答2（回答者性别：男）：大学第一个女朋友。现在的关系是没有关系。很普通的大学生恋爱故事，也是很青涩、很美好的回忆。

回答3（回答者性别：女）：家人。从小学到大学或许再到今后的工作中，总有一个单薄瘦弱的背影，一辆电瓶车，永远风雨无阻，出现在归家的途中。

回答4（回答者性别：男）：室友，全靠我养活他们。

回答5（回答者性别：男）：想起她心情就很好。故事很多，回忆很长，好在现在是互联网时代。珍惜相处的点滴就很快乐。

回答6（回答者性别：男）：好兄弟。每次宅寝室，到了饭点，就会去寻找他，他总会默默说："还有要带饭的吗？想吃什么等我出去发微信告诉我。"其他人就会"加一""加一"，这是爱的奉献。

回答7（回答者性别：男）：朋友。因相互讨厌而互删，聊天后发现三观非常契合，现在成为最好的朋友。人生还真是挺奇妙的。

回答8（回答者性别：男）：在我面前冲我叫的77。77是我的猫，去年暑假我在一家猫舍相中了它。刚回家的那天还有点担心。果然，我妈不支持我养猫，看到77后就炸了。后来我气不过和我妈闹翻了就搬去嘉兴独居。之后的两个月我知道了养猫的艰辛和独居的苦楚，不过也不都是坏事，至少和77的关系很融洽。臭崽子老喜欢躺在我肚子上睡觉，以前还好，现在真的压死人。

回答9（回答者性别：男）：他们是不论什么时候都陪在我身边的人。在我叛逆时、在我受打击时、在我生病时，他们总是在我身边，默默关怀着我，陪伴着我。当我在外读书时，他们会打电话给我，每次总是那几句简单的话,"你吃饭没?最近学校过得怎么样?"我也会趁机和他们说说自己最近的情况和趣事。他们也一直嘱咐我注意身体健康,"天气冷了多穿些衣服,要好好吃饭,生活费不够和我们说"。每次回家,房间里早已放满一堆我爱吃的东西。从小到大,他们一直和我说着自己的人生经验。不过让我记忆最深刻的是"学习和工作固然重要,但我们只希望你健健康康的。你健健康康的,我们才能放心"。这些人就是我的父母。

回答10(回答者性别:男):经常在梦里见到,关系嘛,梦里什么都有。

回答11(回答者性别:女):情侣。在我的持续劝说之下,从骨瘦如柴到八块腹肌。

回答12(回答者性别:女):这种场景应该是另一半了吧,如果是其他人,与此情此景显得格格不入。

回答13(回答者性别:女):旁边的我妈。刷抖音声音太大吵着我上班了,但是我又不敢说啥。

2月13日

今日"灵魂拷问":如果明天包括手机、电脑和电视在内的所有电子设备都断网了,你会怎么度过这一天?

JiaNan:我手机昨天刚坏,今天就出了这么一道题吗?

班主任:看我懂你吧?我今天还特别留意了你的一张照片,来自大一撕名牌活动,有走路带风的感觉。

2月14日

今日"灵魂拷问":今天是情人节。总会有一些割舍不掉的情感深藏内心。有些东西可能很平凡,但是他/她默默地存在着。在你每天可接触的范围内,有没有一件有历史感的老物件?说说你和他/她之间的故事。(特别说明:老物件指的不是人物。)今天是情人节,大家远程给割舍不掉的一些重要的人说声祝福哟！

回答1：以前在一张白纸上写了自己的目标，现在那张白纸还在我抬头就能看见的地方，但不像以前那样引人注目。有些泛黄的纸张上，是久久未实现的目标。我知道是我不够努力，也知道纯粹做自己想要做的事情有多难，但是直到现在我都不想放弃。虽然随着时间的流逝，可能缺少了那时候的勇气和自信，但是一看到那张泛黄的纸张上用黑色毛笔写的目标，就能想起那个时候自己的决心，就还能继续下去。

回答2：有一支笔，从初中用到现在，笔芯换过很多，笔壳一直不变。凡是重要考试都会用它，它陪我度过了大半的学生生涯。

回答3：当初有一款游戏叫《一起去捉妖吧》，是一款类似任天堂上的《神奇宝贝》的游戏。不同的是，它是依靠手机定位去移动的。其中有一个奖励是开灵石：每天走多少米可以开灵石，因此买了一个摇步器。本来以为可以玩很久，没想到这游戏已经几乎没人玩了，所以闲置了。

回答4：一罐石子，很普通的小石子模样，五年前自己捡的。

回答5：耳机算吗？跟了我三年多了，其间丢了两次。当时真的是非常难过，又着急。哈哈哈，但是后来都找到了，现在还跟着我。

回答6：大一买的鼠标垫，图案是八骏图。当时想要象征自己大展宏图。如今图案已经泛黄，但马的英气犹存。岁月虽让外皮粗糙，但使精神更锋利。

回答7：已经拆掉的家吧。看着剩下的一堆土石，想想跟我一起二十几年了，每次都会有怀念的感觉。

回答8：我是特别特别恋旧的人，哪怕是"垃圾"堆不下，我也舍不得丢。女朋友高三的时候做了一只长颈鹿（玩偶）给我，是绿色的，除一只耳朵外，没有鼻子、嘴巴和尾巴，屁股上还有一个线缝的爱心。在过去的四年间，无论我去哪里停留，行李箱必然会给它留空位。也不知道有啥纪念意义，但就是觉得像个吉祥物一样。

回答9：乡下的电视机。大概是我很小的时候它就在了，我爸妈也不记得具体什么时候买的。这电视机陪伴了我很多个节假日和寒暑假。尽管现在都是液晶电视机，但只要它没坏到不能看，我们还是会继续用着的。

回答10：我的电动车。刚开始信誓旦旦只带一个女孩子，后来带过无数女孩子。

回答11：我有太多这类东西了。我大一为了去军训花十块钱买了个杯子，就一直用到现在。在大三的时候丢过一次，后来在图书馆饮水机边上找到了。

回答12：大四上学期离校清理柜子的时候，偶然发现高中朋友去韩国留学之前送给我的一支签字笔，很便宜的那种。现在的我自己都挺惊讶我来到大学的时候会特意把它带在身边。虽然现在没有以前联系那么密切了，但是看到这支笔还是能感受到高中那会跟她相处的开心回忆。

回答13：一个钥匙挂坠，是我外婆在我小学毕业时送我的，一直保存到现在。

回答14：应该是上小学一年级或二三年级的时候，大伯给我买的一本笔记本。当时用来学习，记笔记，后来离开老家便把一起它带走。当时并没有想着刻意去保存。如今大伯已经过世很多年了，那本子依旧在书堆里。空闲时翻看旧物，看到自己丑陋的字迹，小学时愚笨的自己费力抄下一堆看不懂的数学公式的画面浮现在眼前，昔日与大伯朝夕相处的画面闪过脑海，令我不禁感叹物是人非。

回答15：高三暑假买的手机，用到现在依旧坚挺，新手机坏了，它依旧工作。

回答16：一叠从2013年到现在看过的电影的票根。虽然已经不记得是和谁一起看的，但是2013年的电影票质量真的好，字迹清晰，近几年的电影票啥都看不清了。

回答17：一串手链，它陪伴了我将近十年，是我最重要的人送我的礼物，被我视若珍宝，以后可能会成为传家宝。

回答18：一个红色带小花的塑料手镯，是阿太买的，已经二十多年了，一直放在一个小盒子里。小盒子之前找不到了，前几天被家里的小孩翻出来了，这次我收好了。

回答 19：我家的狗。我有记忆开始就养着的，它从一小只长到雄壮无比，陪伴我到初二。我每天放学回来，狗都会冲我摇尾巴。后来它老了，我觉得它应该能活到老死吧，却被打狗贼射了毒针。老狗耐不住毒，死了。万幸打狗贼偷狗中途被邻居发现，狗的尸体没被偷，至少没有被人吃掉，还可以安心下葬。这件事让我们一家都很悲伤。去年 11 月的时候，邻居家的狗又被偷了，附近不论是家狗还是野狗都很难见到土狗了，都被偷狗的人偷光了。真是万恶的偷狗贼！

回答 20：初中的时候收到一个喜欢我的人送的小熊，现在还在家里存放着。因为他是我从小学开始就很要好的朋友，但是高中之后就失去联系了，每次看到这个小熊还是会突然想到他。

回答 21：我的旧手机每天都陪伴着我，直到我抛弃它时，才发现新手机真好用。

回答 22：之前整理房子，找到了很多以为不见了的东西。有一串生肖牛的项链和一对镯子，是我满月那天外婆送我的，本来以为不见了，结果整理房子的时候翻出来了。

回答 23：我的电脑，高二买的，到现在已经有快 5 年时间了，中间因为各种原因修理了几次，但是到现在我还一直在使用。

回答 24：我的书桌。从小学就开始用了，初中的时候还在上面刻了"×××（名字略去）于此挑灯夜战"。虽然现在已经有点不牢固，有些配件松了，但还是放在我房间，还是我的书桌。

回答 25：初中买了一支红笔，笔芯换了很多根，但是笔保存到现在。

【班级微信群点评】

班主任：生活中有很多朴素的物品存在，它可能不值钱，却是我们一段回忆的寄托。就像 2013 年我送给爱人一个不到 100 元钱的真皮钱包，还放了一张我的照片。快 10 年了，钱包还能用（外壳磨得不行了），照片早已发黄。生活中还有很多这样的物品，有很多值得珍惜的人。祝大家情人节有情"人"终成眷属，执"子"之手，与"子"偕老。

2月15日

今日"灵魂拷问"：2016年9月18日是你们开学的第一天，还记得踏进大学校门那一刻对未来的憧憬吗？

回答1：对于大学生活的憧憬有很多。丰富的课余社团活动（然而没有）、亲密的除舍友外的好朋友们（然而到了大四才有）、逃课（然而一年比一年逃得少）、一个啥也不管的班主任（然而恰恰相反）、说出发就出发的游玩（然而几乎没有）、我要好好学习（然而可能属实没想过这点）、钩心斗角的同学关系（然而除上课以外大家都见不上面，根本没机会，反而一片和谐友爱）。

回答2：那时候觉得自己一定会在大学完成一次历史性的蜕变，走向人生巅峰。事实是，我完成了蜕变，不过人生巅峰嘛，应该还在去的路上，哈哈哈哈。

回答3：一个充满经历的大学生活，体会各种各样的新鲜事物，学一些专精的技术，学会自己喜欢的技能并未来找一份这样的工作。

回答4：想在大学里好好学习知识，并且能在能力方面得到锻炼。

回答5：好好读书，挣大钱。

回答6：混出人样。

回答7：结交新的朋友，成为一个自由的人。

回答8：对未来我一直都很憧憬，在大学期待着能有一场毕业演唱会。

回答9：面对新环境有点紧张，希望能交到新朋友，顺利度过四年时间。

回答10：希望未来能够充实自己，提高自己，不胆怯，能够自信一点，尝试从来没做过的事情。

回答11：在大学找一个女朋友，毕业找一份好工作。

回答12：当时应该挺迷茫的。

回答 13：我觉得大学可以把高三增长的体重减下来，结果是我想多了。

回答 14：憧憬和现实的差别太大了。当初憧憬着未来一切美好，但是现实当头一棒，叫我醒醒。

回答 15：唉，第一次进校门憧憬着大学生生活，现在也结束了。

回答 16：原本想好好学习，学点真本事，为毕业找工作做准备，可是现在想来感觉没学到什么。

【班级微信群点评】

班主任：看到同学们的憧憬，我心中五味杂陈，有成长，有收获，也有遗憾，还有不舍。如果没有疫情，估计大家会按部就班地进入就业大潮中，难得有时间停下来，去看看家乡、陪陪家人、品尝家常菜、充分玩游戏。不过很多同学都比我当年读大学的时候要好很多，当年我可能也没有憧憬，一片茫然，带着一口方言打底的普通话，平舌翘舌不分。对大学4年，最初的想法就是好好学习吧，不挂科，其他真的想不到了。实际上，后来的经历就像回答2说的一样：一分耕耘一分收获，缺啥补啥，大学就这样过去了。

2月16日

今日"灵魂拷问"：我们聊聊偶像的故事。

回答 1：鹿晗为人谦逊，最重要的还是颜值高。

回答 2：我的偶像是许嵩，以前听他的歌曲迷上他的，特别是初中叛逆阶段，他的歌有种抒发心声的感觉。而之后他宣布他的音乐都不收费，让我更喜欢他。

回答 3：我的偶像是岚，尤其是里面的大野智。最初认识他们是从一档叫作《交给岚吧》的节目，得知大野智对服装没有特别的讲究，直到30岁衣服都是父母买的。大野智还说母亲的眼光很好，挑选的衣服很合适。看完那期之后就觉得好新鲜，这个综艺也特别有趣，后来就去找了其他期。节目里大野智不怎么讲话，但是弟弟们抛梗他都能接住，回答特别有趣。后来才知道他是这个团的主唱，跳舞也是最厉害的，还会画画，开过艺术展。一个纪录片里谈到，在岚早期完全没人气的时候，弟弟们想通过走捷径来获得人气，明明平常在综艺里是一个不怎么说话的人，那个时候大野智却说："我不要（走捷径），如果连眼前的事都做不好，那还能做成什么？"这一句话鼓励了成员。但是我最喜欢的还是属于他的那份不容易被察觉的温柔。他对成员不说教，用温柔的目光守护他们，失败了再和大家一步一步来。因为有时候人真的很固执，自己不去做，不体验失败的话没办法明白，有些弯路也是很有必要的。所以就算2021年开始你暂停演艺活动，我也会一直为你应援，希望总有一天我也能变成这样温柔的人。

回答4：我的偶像是彭于晏。他生活自律，每次参演新的电影都会学习新的技能。

回答5：林俊杰唱歌真的特别好听。

回答6：我的偶像是肖战。我对他印象最深的是《哦！我的皇帝陛下》中的北堂墨染和《陈情令》中的魏无羡。他不是科班毕业，但他完全靠自己的努力完成了从设计师到歌手再到演员的转变。当然也并不是一帆风顺的。出道后，在他的努力被人认可的同时，也遭到了不少黑粉的怀疑，先是经纪公司出问题，再是减肥成功之后因颜值上的逆袭有黑粉质疑他整容等。这一切一切的打击都没有击败他，他总是坚信着，只要他付出，就一定会有回报。

回答7：菅田将晖，又帅又有演技又会唱歌，穿衣风格我也很喜欢，真的很优秀。

回答8：我的偶像是居老师（朱一龙）。他人帅、戏棒还有各种各样的才艺，善良老实，性格可爱，助人为乐，是白羊座中的异类。他从一而终地坚持自己的梦想，厚积薄发，从不怨天尤人，值得学习！

回答9：邓肯。一生忠于一城，无怨无悔。

回答10：成龙。其他不说，他拍戏非常敬业。

回答11：原来没有真正崇拜的偶像，现在有了。韩红，一个真正的英雄。

回答12：我有一个喜欢的画手wlop，他从程序员自学画画成为一个大师，是我努力的目标。

回答13：安东尼·霍普金斯，老艺术家。

回答14：小说《教父》中的维多·柯里昂。一句话概括就是，冰冷又具有温度，诠释了何为男人。

回答15：我的父亲。坚韧、伟大、聪慧、勤劳、朴实。

回答16：我姨夫。修车、修水管、装空调什么都会。

回答17：非要说的话，偶像是GaoWenjie（同班同学）。跟我比，这个人真的太自律了，能比我早起一个小时去食堂吃早饭，没课的早上还去操场跑步。大家看看这是一个男大学生干的事吗？虽然他的努力白费了，体重居高不下。但是他考证，考一门过一门，是我心目中的证券王。他能在图书馆一坐就是一天。所以大家以后请善待他，可以骂他，但是不能侮辱他。不爱，请不要伤害，毕竟是我的偶像。

回答18：善良的WeiWei。他乐于助人，机智勇敢，反正他除了长得丑没什么缺点。

回答19：目前没有明确的偶像吧。但是我崇拜人的标准是要"站着还把钱挣了"的那种。

【班级微信群点评】

班主任：很多同学都有偶像，这些偶像都好棒啊！我还发现，大家的文笔都很赞，说起偶像赞不绝口。还有个集中的特点是，偶像大多是演艺圈中努力、勤奋、有个性的温暖的人；其次是技多不压身的艺术家；再次是身边的同学；最后，部分同学的偶像是自己的家人，他们具有朴实、勤劳的美好品质，值得我们学习。

2月17日

今日"灵魂拷问":民以食为天,抗"疫"期间,你最难忘的一道菜是什么?你学会了做哪些菜呢?

回答1:油焖大虾;学会了做油焖大虾、红烧鸭肉、红烧排骨、汤圆。

回答2:火锅;会做面条。

回答3:尖椒牛柳;没学会什么菜。

回答4:大杂烩火锅。

回答5:烧烤,应该说这是想吃而不是最难忘的。并没有去做什么菜。

回答6:泡面和老干妈;没学会,因为本来就会很多。

回答7:昨天的蛋炒饭,被我炒糊了;做菜看菜谱就行了,一遍能吃,两遍好吃。

回答8:爸爸做的菜;过年以来基本每天都是我爸做饭,我和妈妈就在被窝里等饭吃。

回答9:油炸鸭大腿。

回答10:老笋干烧肉。

回答11:土豆丝。

回答12:南瓜饼。

回答13:爷爷做的汤面。基本上看菜谱都能烧。

回答14:麻婆豆腐。

回答15:韭菜炒蛋;骨头汤。

回答16:连续吃了六七天的火锅;只学会了炒花菜。

回答17:面饼。

回答18:番茄炒蛋;学会了做葱油饼、小蛋糕。

回答19:土豆鸡块盖浇饭,绝了!

回答20:笋炖肉;学会了包粿。

回答21:酱鸭,天天吃。不会做菜,反正怎么做也没我妈做的饭好吃。

回答22:把松饼做成了煎饼。

【班级微信群点评】

班主任：看来大家在家都吃得很赞啊！看着你们难忘的菜，我都流口水了，什么油焖大虾、麻婆豆腐、油炸鸭大腿、南瓜饼、土豆鸡块盖浇饭、笋炖肉、酱鸭，都是硬菜。当然，吃得好，最重要的是吃出幸福感。就像其中一位同学说的："过年以来基本每天都是我爸做饭，我和妈妈就在被窝里等饭吃。"嗯，我也一样，爱人上班，我做好三餐，不能保证每天不重样，能保证今天和昨天不重样就已经是很大的进步了，在家吃出了幸福感。

2月18日

今日"灵魂拷问"：抗"疫"期间，你觉得最值得推荐给大家看的一部电影或一部电视剧是什么？说说推荐的原因。PS：最近针对学生的诈骗活动频发，骗子常用借口是交学费、课程费、医院住院费用等，大家火眼金睛，不给骗子可乘之机。

回答1：推荐游戏《侠盗猎车手5》。玩游戏的过程和看电影是一样的，三个主角三条主线，分别进行却又互相纵横交错。这是一款2013年就发行的游戏，现在每个星期还在销量排行榜上。

回答2：《三国演义》。因为它够长？

回答3：《三国演义》。实在太无聊，去看了《三国演义》电视剧，经典的还是不一样，比起偶像肥皂剧可有营养多了。争霸才是男人的浪漫。

回答4：《我在北京等你》。

回答5：电影《银河补习班》，内容很实在且好看，其中体现了父爱的伟大；电视剧推荐《爱情公寓5》。总算弥补了青春的缺憾。

回答6：《我们都要好好的》。让我知道2022年就是我的本命年了。

回答7：《流感》《极度恐慌》《铁线虫入侵》。这种电影很应景。

回答8：《危机13小时》。我自己还是很喜欢战争题材的电影，它想表达的内在东西可以让人深思。

回答 9：《想见你》。这个电视剧的剧情比较新颖，没有其他很多雷同的剧情，外加主角的演技和颜值都很不错，所以在大陆很受欢迎。

回答 10：电影《珍珠港》，里面日军航母战机起飞的背景音乐 Attack 超级带感，天生为战斗而生；电视剧《我的团长我的团》，国产抗战剧中最真实、最好的剧，没有之一，演员演技在线且还原历史。

回答 11：电影《囧妈》。该影片新年场免费观看。虽然剧情跟之前徐峥拍的囧系列影片大同小异，但是这部影片加入了亲情元素。母子之间从矛盾重重到矛盾化解，让我们从中感悟到了和父母相处的方法。电视剧《新世界》，讲的是北京解放前夕三个拜把子兄弟发生的故事。当时因为红雷哥看的这部剧，只是该剧剧情太拖沓，七十集电视剧演了十几天的事。有些剧情一笔带过即可，1.5 倍速播放刚刚好，到红雷哥了再回一倍速。

回答 12：《爱情公寓 5》，这下真的是大结局了。

回答 13：推荐《爱情公寓 5》。第一次看《爱情公寓》是缘于偶然的一次换台。很清晰地记得，那是曾小贤第一次当电视台主持人，却被堵在高架桥上的一集。从来不屑于看情景喜剧的我，第一次笑到肚子发痛，从此《爱情公寓》就成了我整个初中甚至大学生活翻来覆去观看的经典电视剧。每个人物都具有特点，让人发笑。这个假期《爱情公寓 5》上映，听到开头主题曲，就让我兴奋极了。有一些主演没能参演，有些遗憾。《爱情公寓》是我很甜美的一个青春回忆了，期待还会有第六季。

回答 14：电影《星际穿越》。这部影片既是一场烧脑的盛宴，又具有饱满的剧情，影片时长超过 3 小时，可谓良心巨制。影片表达了"爱"可以超越一切维度，不受任何框架的束缚。当我们无法解释一些现象时，总会有一种力量把我们推向我们愿意接受的答案，这部影片就很好地运用了这种手法。还有什么能比"爱""善良""正义"这些词更能让人心甘情愿接受呢？

回答 15：《德鲁纳酒店》。衣品没话说，建议多看多学。

回答 16：最近刚看《寄生虫》。电影拍摄时使用的镜头语言和各种构图让我受益匪浅。剧情内容也由浅至深，从喜剧片到恐怖片渐渐崩坏。结局的开放性令人意犹未尽。

回答17：Shameless，见题知义，无耻之徒。它把所有的无耻之事浓缩在一部剧中。乍一看，这是一部无厘头的荒诞剧，充满重口味和脏话，一次次跌破人的三观。细细品味，它其实是一部励志剧，不论是艰辛，还是对生活的无奈，都能让人感到真切，每一个细节都足以打动人的内心深处。剧中的每一个小角色都是底层人物的真实写照，他们即使面对困境，生活在难以摆脱的人生阴暗处，都在用尽全力去努力挣扎，试图摆脱所有的不适与困苦。它会教会你在沮丧、混乱的环境中如何重新生活。

回答18：《NO GAME NO LIFE 游戏人生 ZERO》。看过几遍了，非常想推荐给大家。一对从没赢过的夫妇，一群不怕死的幽灵，一个不可能完成的任务，一个赌上一切的251秒，一个在星杯前真挚的呐喊，一个充满希望的奇迹。

回答19：《桃姐》。对身边的人的态度从仆人转变为亲人。事物往往在离开时才会引起重视，得到匹配其自身的价值，有些爱也是。

回答20：电影我只看了《罪犯》，电视剧我只看了《爱情公寓》。《罪犯》看得很压抑；生活不总是一帆风顺，不是所有人都能自行朝前看。

回答21：说实话这期间我没有看新的电影，但是我推荐虎牙TV的周星驰直播间。

回答22：《一起长大》。这是一个关于孩子和父亲共渡难关一起成长的故事。

回答23：《寄生虫》。

回答24：没看电影，倒是回顾了几部TVB老剧：《读心神探》《法证先锋》等。

回答25：韩国电影《流感》，讲述传染病大暴发带来死伤无数的故事。放假期间和家人一起重温了这部影片，让她们知道疫情的严重性，保护好自己。看了电视剧《爱情公寓5》。由于原班人马不齐全和新人演员的加入，导致上映之前很多人都不看好它。作为一个把《爱情公寓》看过无数遍的老粉丝，我想过就算它不好看我也会看完。如今全集已经更新完毕，不得不说拍得还是非常不错的。

回答26：德云社。

回答27：《爱情公寓5》，搞笑，值得一看。

回答28：电影《宠爱》，是讲宠物和人之间关系的电影，很感人。电视剧《白色强人》，是一部港剧，讲医生的。但并不是只讲医生救人一方面，还涉及医疗改革和医院权力斗争。剧情比较紧凑，演技过关。

回答29：《流感》，很应景，是病毒对人类的考验。

回答30：《茶馆》，非常好看，非常有内涵，反映了一个时代的兴衰过程以及当时不同背景、不同身份的人面对亡国时的态度和选择。看完之后不禁感叹现在的我们有多么的幸福。

回答31：《决胜法庭》，只是个人觉得挺好看的。

特别说明：因2020年2月20日学校正式上线学生通过App自动健康打卡的功能，2月19日为测试阶段，因此疫情防控期间通过问卷健康打卡的故事结束。

2月22日

应学校的号召，班主任需要给每个班写一封信。信的内容如下：

给金工16级同学的一封信

2020年，一场"新型冠状病毒"的疫情让我们都进入抗"疫"的战时状态，原本畅想的春节变成了在家抗"疫"的特殊时期。其间，我们一起通过在线健康打卡的方式组成了抗"疫"统一战线，第一次体会到"在家"也是为国家做贡献，我们与家人一起守护家人的健康平安，感谢同学们一直以来对学生管理工作的支持和理解。相信在这个过程中，同学们通过各种新闻媒体，有各方面的思考和成长，比如：我们看到国家对于全国抗击疫情的统一部署，每一个人成为抗"疫"的一分子；我们还看到支援武汉的医生"逆行者"的大无畏精神，这让我们有安全感和信任感；再比如，看到家周边的人们一起参与抗"疫"，一起了解抗击疫情的医学知识。总之，我们学会了用积极的视角去看待问题，我们把注意力放到全国人民如何一起去战胜疫情上；我们学会了在吐槽之余，让自己不拖后腿、更好地保护好自己和家人。但是毫无疑问，疫情像一面镜子，不仅考验了国家，也考验了企业和个人，照出了很多善，也照出了很多不足。相信经过这次疫情，整个社会的治理会创出新的高度，有利于社会朝着更加良性的方向发展，基于对国家和人民的信心，这一点毋庸置疑。

2月24日是学校原定开学的日子。这一天离我们越来越近了，某种程度上意味着疫情并没有打乱我们正常的教学节奏。教育部下发文件，提出"停课不停学"。确实，任何时候我们都应铭记"终身学习"的理念。学习的主体是自身，学习的环境可以在课堂内，也可以在课堂外，学习内容不一定是书本上的知识。学习不仅是为了让同学们找到一份满意的工作（不过，这应该是很多同学最初对大学的期望吧），更是让我们有更多选择机会和能力去适应未来的未知，尽可能缩小不确定性。得到App创始人罗振宇经常提的"认知升级"，即使用学习能力去迭代升级自我的操作系统。我们能够理解玩游戏或者使用各种App时，卡顿或其他方面带来的用户体验不佳的难受，我们可以吐槽这款产品不够好；如果有一天这种"卡顿"出现在我们自己身上，我们该如何去解决呢？这个问题留给同学们。

你们很特殊，2020年2~6月原本是你们开展岗位实习的阶段。疫情暴发后，很多企业复工形势面临不确定性，给即将就业的你们带来更多不确定性。线下的各种招聘会由于疫情的原因被取消，更多的企业转战线上进行招聘和面试。按照国家对在校学生的部署，你们现在处于在家等待通知的阶段，希望同学们能够利用这段时间更新简历，充分争取线上招聘及线上面试的机会。此外，积极与指导老师联系，修改毕业论文。

机遇总是给有准备的人，就把这段时间当作暂停并反思的时间，待疫情结束，一鼓作气，顺利完成本学期毕业相关事宜，走向更美好的人生。

毕业明信片留念

　　法国心理学家里博提出过"情绪（情感）的记忆"的概念，它是在人生现象以及我们对这些现象的感应之间的一切活动。波列拉夫斯基曾提到过一对结婚25年的夫妻与黄瓜的故事。故事大意是：有一对夫妻已经结婚25年，生活中会因为遇到的困难而产生争吵，有时候彼此甚至连话都不说一句。但是连他们家最小的孩子都看得出来，只要桌上摆着一盘黄瓜，父母就会和好，他们马上便忘记了吵架这回事，彼此变得体贴又谅解。后来孩子知道，不是因为父母喜欢吃黄瓜，而是黄瓜背后有一段美好的求婚故事，唤起了父母之间的情感回忆。在25年前父母结婚那天，他们正在长满黄瓜的田间散步，不时停下来摘了黄瓜来吃。黄瓜又香又甜，他们吃得津津有味，于是二人在满口黄瓜之间，把他们最幸福的终身大事定了下来。所以，黄瓜成为父母和好的百试百验的良方。而我习惯通过写明信片和收明信片的方式储存"情绪的记忆"。每每看到这些纸质的记录，更觉得光阴存在，一旦写上文字，便是永恒。

　　同学们在即将离开学校的时候，要完成一项特殊的仪式——在明信片上写下与班主任的故事。我特意挑选了2套浙江人民美术出版社出版的丰子恺系列明信片，让每个同学随机抽2张明信片，一张留给自己，一张留给我。今年还特意刻了2枚章，一枚是楷体的我自己的名字，一枚是卡通图案——掌声送给优秀的你。给学生的两张明信片上都会印上此章，锦上添花，让明信片的内容显得丰富多彩。

　　留言摘录如下：

　　"感谢每一次遇见，四年收获很多，感谢老师营造的氛围，每次重要时刻都会在我们身边鼓励大家。"

"大学四年时光,您见证了我们的成长,我们也见证了您的蜕变,或许这期间也存在一些误会、不解,但我明白您全是为了我们好,谢谢您这四年为我们的付出,您让我感到温暖。"

"一直后悔选择了这所学校,但庆幸的是在这里遇到琨琨老师。"

"四年转眼过去,有许多遗憾,也有许多收获。大学四年过得很快乐也很快。再见不是不见,回首不是少年,变成更好的自己。"

"大学四年,我所收获的莫过于批判性思维的建立,感谢老师引导我完成了思维上的第一次飞跃,下次相遇,定在更高之处。"

"Dear琨,大学四年转瞬即逝,虽然平时见到您的次数不多,大部分还是在校园中刚好遇见,但您每次都在我需要的时候,及时出现。"

"总觉得昨天才刚刚报到认识了您,和您相处了短短的一段时光就要分别了。时间总是如此匆忙,最后希望您珍惜当下、珍惜眼前人,越活越可爱!您是很可爱、很优秀的班主任哟!"

"您绝对是我见过的最好的大学老师之一,给予我很多帮助,最重要的是帮助完善我的认知,本科思维给了我极大的帮助。"

"琨琨、琨琨,我黑暗中的明灯;琨琨、琨琨,启蒙我的人生;琨琨、琨琨,给予理论支撑;琨琨、琨琨,时刻送我掌声。"

"心有千言万语却不知怎么与君言,唯把学生心中之憧憬抱负说与您听。我希望自己会有一个美好、有远大前程之未来,未来被老师提起时,会让您感到骄傲。把心中非常喜欢的一句诗赠予老师:莫愁前路无知己,天下谁人不识君。"

"时间就是这么奇怪,它可以带走一切,但也会留下岁月经过的痕迹,让我们去寻找、去怀念。怀念相遇时的状态及现在的状态,虽然不太一样,但还是喜欢不太一样。以前总觉得您一跟我们深聊就会停不下来,会稍微觉得'烦',后来发现,您是真真切切以自己的经验告诉我们怎么样才是好的。"

"大学四年,相遇是缘,感谢四年来的关照。临近毕业,仍旧希望我们的故事还未画上句号。"

"遇到老师，我的大学生活变得丰富多彩。您给我们提出很多建议、想法，并支持我们。以后见到老师的机会更加少了，我会一直记着老师的教导之恩。"

"人无完人，希望我们在各自的人生路上都有新的收获，活得快乐！"

"到了分别时刻，我内心有一丝伤感，那些难忘的团聚画面我会一直铭记。"

"希望以后的日子里，老师能记得住我，虽然我的大学的确有点碌碌无为。得到过老师的帮助，感谢！"

"感谢班主任四年来的陪伴。从小到大，我的班主任都是语文老师，您让我了解了另一种理性的班主任的样子。"

"上了大学我才知道，老师真的可以是朋友，是灯塔，真的会支持你做想做的事情。'老师，待会的班干会议我请假去绍兴找女朋友，吵架了/去了能解决吗/能吧/那去吧，早点回来'，感谢这四年帮助我分析大大小小的利弊，帮助我做大大小小的抉择。我相信自己是个幸运的人，包括做你的学生这件事。"

"人生有太多的可能，发生的事情大多难以预测，就比如来到这个学校认识了你，也认识了大家。你和别的老师都不一样。在这些年里，你是唯一一个把学生变成朋友的老师，至少在我身边你是第一个。有很多话可能都没必要说，道别总是需要一些仪式感。"

"四年，老师身体力行诠释了'认真做事'这四个字。这四个字，一生难忘。"

"四年，不长不短的相处时间，您让我受益匪浅。虽然我和您见面更多是因为签假单，但您每次都会给我新的惊喜。大一时的班委聚会，虽不记得具体事项，但那次之后班委的凝聚力更强了。大二时的一次突发奇想，准备给金工专业举办一场联谊，当第一次找到您时，您给我了莫大的肯定，这也让我坚定了一定要办成的决心。大三我想组织秋游，您牺牲周末一天时间带着我们去看场地。大四时面试前给我修改简历，在后来的面试中给予了巨大的帮助。回首三年多的大学时光，在那些精彩的时刻，总会有您的身影，而那么多次可以放上简历的事迹，都有您在背后给予的莫大支持。虽然我不是学习最好的，也经常有这样或那样的事情，但您从来没有嫌弃过我。"

"说实话，这是我第一次写明信片，老师，请保管好我的第一次。这四年的学生生涯，很高兴有幸遇见了您！现在回想大学这几年和您的谈话，感觉自己在一步一步长大。从最初军训时期谈起当时感兴趣的事情、对大学的迷茫，到室友矛盾，之后使用MBTI工具开始真正了解自己，开始发现自己的闪光点，再到找工作的各种事情。偷偷地说一件事，其实第一次坐在体育馆的凳子上和您聊天的时候，我整个人都很紧张，但是通过一次次聊天之后，现在都是很放松的状态。很少见到像您这样工作后还不停学习各种东西，然后根据学习的东西帮助我们分析的老师。感谢您的好学及工具运用，让我开始了解自己。最近几次关于工作上的事情与您聊天，很感谢您对我的鼓励和帮助。原本我没有什么信心，您和我说的话，让我有了一定的信心。"

"转眼已经过了四年，四年来的陪伴只能凝聚成两个字：谢谢。虽然这两个字会显得苍白，但有时这两个字最能表达当下的心情。记得第一次谈话时，只觉得这个老师和我以往遇到的老师不一样，她会关心学生的情绪，能够理解每个人是不一样的，我记得你说的'每个人都有可能性，不管他来自什么家庭，能走到今天一定是尽力而为的结果'，这句话真的有感动到我。我觉得还是会有人理解每个人都是特殊的个体，每个人都愿意努力，每个人都有潜力。你真的很不一样，关于考研的建议让我到现在也没有后悔过，能在大学遇到领路人真的很幸运。"

"下笔之余，心中感慨万千，千言万语化作'感谢'二字。大学四年，我所收获的，最珍贵的莫过于批判性思维的建立，而这一切都离不开老师的悉心引导。思维的升级高于一切，是个人成长最核心的动力，是提升个人成长速度的关键。感谢老师引导我完成了思维上的第一次飞跃。也是自那以后，我找到了属于自己的力量和方向，学会了思维自我更新与迭代。未来之途漫漫，未知挑战无处不在，我定会继续奋斗前行。下次相遇，定在更高之处。"

"如果快乐太难，那我祝你平安。"

作为曾经光阴的记录，全班同学的明信片我都会作为珍贵档案好好保存。从这些字里行间，我感受到学生需要的是理解、包容、平等、鼓励、信任和等待，学生感受到的我是理性、经常学习、喜欢聊天（话痨）、认真和负责的。挺好，也挺难，即如何从理性与感性的冲突中找到平衡。需要感性地对待学生（耐心），意味着理性的低效率，明明我一句话可以点明白的事情，需要花时间引导、引导、再引导，时间和精力的投入产出比例失衡。很明显，做出这个判断是我的角度出发的效率对比，但是从接收方来说，我提供的可能是无效信息，约等于正确的废话。对他们来说，不是他们的经验，也就无所谓成为自己人生的道理。

当班主任，究竟是在做什么

站在上帝视角看我的工作本身，我究竟在做什么呢？总的来看，我经历了领跑、陪跑、助跑阶段。

最初我想带领大家一起跑，从最初的新生班会、选班干、班干培训、各种冠以统一班级行动的班会，目的是让同学们的行为跟我的期待保持一致。那种场景就似纤夫拉船，班级是那一艘沉重的船，我是排在最前面的纤夫，班干跟在我后面拉绳子，大部分同学还在船上，被动地位移。我通过各种班干凝聚的活动，提升班干的工作效率，类似领头的纤夫带领大家一起喊号子，试图让班级这艘船移动得更快一些。这种方式能够产生效率的特点是保持同一个方向，船的重量不要超过纤夫的负荷。实际位移的结果只能有一个方向，这个方向将指向哪里？在那一次刻骨铭心的班会上，我被同学们质疑："我为什么要按照你说的来？"我可能更愿意把这个质疑理解成"我们为什么要成为你"。那一刻给我的震惊就像我原先的经验世界（那种自上而下的、居高临下的认知）有部分瓦解但是还没有崩塌。这个觉察的价值在于让我去反思"领跑"的意义：他们想走向哪里？没有行动其实也是一种方向的选择。从那时起，我开始去调整自己与学生们相处的方式。

从大规模访谈阶段获得的"每个学生都有可能性，他能走到今天一定是他尽力而为的结果"的洞见开始生根发芽。这里的"尽力而为"可能是尽力"使力"，也可能是尽力"不使力"。这种可能性就是学生的作为生命的"向上心"。"向上心"呈现需要对方愿意倾倒甚至清空，然后从外部环境吸收有益物质直到填满自身，所以我陪跑的学生需要他本身是开放的，有意愿去成长。至此，我和学生的关系进入陪跑阶段。比如陪伴大家度过难过的失恋时期、难熬的考证时期。这里的陪伴是一种传递。在学校行政楼门口大树下的木椅上，我和Xiang曾经从日暮聊到日落，聊到饿了到旁边的食堂填饱肚子后继续聊，那天我们聊了差不多4个小时。我永远记得日暮那个美好的画面。那个画面对我来说是艺术的。艺术是什么？艺术是一种和谐和平衡。那天我们的谈话内容边界不断深入内心，我既需要控制自己对对方隐私的好奇，又需要引导对方"倾倒"情绪垃圾。对"边界"的把握，让我觉察到自身娴熟的引导技巧。我不是情绪垃圾桶，就像一个从事高校心理咨询的朋友说的："你有你的边界"。故事说完，离开场域，对方停留在我记忆里的故事好像只有2~3句话，其他都淡忘了，但是我记得自己对当时当下的觉察，比如引导技巧的娴熟、内容边界的控制，以及安全舒适的谈话氛围。带着客观而理性的态度做着感性的事情，比如聆听和信任。在那个美好的画面里，我是客体也是主体，客观上好像是我在解决对方的问题，实际上我在锤炼我的技巧和反观自身的格局。陪跑阶段主要是不断倾听对方的需要，本质上没刻意解决问题，纯粹是聊聊最近的故事；但是我总是期望从日常的小事中发现不一样的意义，帮助对方从"自身"到认识"自我"，而且每一次都是他的新"自我"。这个"自我"的画像里包括"自身"和环境两方面，环境当然离不开其他同学的参与，因此这个阶段的意义不仅在于帮助同学建立自信，还能构建和强化个体与个体之间的连接，一种与他"自我"相关的连接。这个阶段，我已经不是拉船的纤夫，而是可以与学生在大树下一对一坐下来聊一聊的角色，我放下了过重的心理负担，与学生相互学习、共同成长。陪跑阶段的价值在于班级内部开始凸显"强力胶"和"意见领袖"群体，引领作用开始发挥。到这个时候，同学们已经大三了。

2019年教师节那天，Fan给我发了节日祝福，我们就顺便聊了起来。

Fan：老师节日快乐呀，你的第一班弟子要出师了，虽然没有高中、初中老师那样天天接触，但是我还是从你这学到了不少学校里学不到的。

班主任：嗯，可以，孺子可教也。你们绝对是最特别的一批。话说从我这里学到不少学校里学不到的是指什么啊？

Fan：我个人看法，你是个特别理性的女生，这是我在和你讨论问题时发现的。

班主任：你眼光独到，不说我是感性的老师了。我感觉我真的是理性的风格。

Fan：你给我的感觉就是要客观地去达到目的。我感觉这种方式挺好的。以后要是进入企业，确实该这样。

班主任：嗯，我尝试用理性的思维方式理解你们，达到所谓的感性效果。所以我有如此改变，你们的功劳不小。

Fan：相辅相成，都在进步。

班主任：嗯，感恩有你们。你也不错，大学有很多的成长和变化。你的思维方式很特别。

Fan：我挺喜欢这四年的，感觉没浪费过。

班主任：嗯，这几年印象最深的是什么？

Fan：我现在的人生观和大一刚进来时的人生观变化还挺大，学会怎么去慢下来。

班主任：为什么是慢下来呢？

Fan：我说的不是动作慢下来，而是心态慢下来。以前急于求成的心态把自己搞得压力很大，搞糟了很多事情。其实有时候偷偷懒，去做心里真的想做的事，感觉还不错。

班主任：你不说我还真没发现。你去做了哪些心里真的想做的事啊？

Fan：有时候突发奇想，想去看看日出或者没有方向地散步，或者去学一直想学的乐器或者手艺，感觉还挺好。

班主任：嗯，这些事听上去很有趣。非常好，感觉大学有成长、有收获，总算没白过，这个大学也算值得了。

Fan：嗯，是的啊，心态真的很重要！

班主任：人生就是为了投入有趣的事情而存在的。

助跑阶段与陪跑阶段可能还不一样。陪跑阶段的速度时快时慢，而助跑阶段是一种有目标的启动状态。助跑的主体是学生，而我更多是一种特定行动的催化剂。由于我自身认知的局限性，对同学们就业方面的引导停留在他者经验，因此我只能助跑一部分同学，比如考研团和意见领袖团体等。这个过程生动体现了教育的节奏感。节奏原本是戏剧艺术中的概念，指一切不同要素的有秩序的、可衡量的变化，这变化会一步一步地激起受众的注意，并始终指向最终目标。对创造有序变化的主体来说，其内在具有一种掌控感或支配感。越能掌控"混沌"的状态，意味着更高水平的控制节奏的能力。节奏不一定是静态的，在肉眼可见的"静态"里，往往蕴含着动态。比如冰川在一个世纪内移动不超过5厘米，而燕子在一分钟内可以飞3千米。世间万物都有节奏。婴儿一出生开始呼吸，呼吸就是他的节奏。学生的成长也有节奏，生理上的或心理上的。

节奏是一种无穷的、永恒的摆动。节奏有三个层次，第一个层次是意识层，即意识到个体的成长是一个有序的变化过程；第二个层次是影响层，当环境施加外力时，自身的节奏受到他者的影响，甚至成为他者的"镜子"，自身的情感成为别人情感的直接反应和结果；第三个层次是创造层，个体能够指挥、创造自己的节奏和别人的节奏。不要对我们所接近的任何节奏免疫，冲突本身是试探双方节奏的结果，用自己的新的、更高层次的节奏去回应变化，而不是期待节奏突变，这便是生活的艺术。

很多同学在最终留给我的明信片上表达对我的感谢。我内心知道，真正感谢的是金工16级所有同学构建的班级土壤。营养丰富的土壤滋养了基于这片土壤的生物体成长。土壤的作用看似无声无形，实际无时无刻不在发挥作用，其实有脉络可循。随着时间的推移，有些相逢时产生的影响已经逐渐被遗忘，而有些影响已经烙在成长里，它的影响还在持续发生。

我跟金工16级49名学生的缘分因相逢而开始。我没有尝试用规章制度这些强大的力量去塑造他们，毋庸置疑，我和同学们都看到这股力量的存在及其价值。教育的过程是平稳的、连续的、流畅的，逐渐朝着一个高潮迈进。他们的成长更多源于他们内在自由意志的生长，个体与群体、群体与个体、个体与个体之间存在很多的互动，这些互动作为环境因素潜移默化影响着个体自由意志的塑造。比如，大家能够心平气和看待那些在学习成绩、社会活动和个人技能等方面表现突出的同学，心里更多是羡慕和自勉，而不是嫉妒，因为他们不仅看到班级偶像的结果，还看到了班级偶像努力付出的过程。

这里分享一个有趣的小故事：一天晚上XiaoQi发了个朋友圈，照片内容是JiangQi坐在刚刚关闭的电脑前，配的文字是"我以为是结束，没想到是新的开始"。照片拍摄时间是晚上11点左右，JiangQi关闭电脑，XiaoQi以为他要休息了，没想到JiangQi又打开一本书开始学习起来。

就像一棵树，主干纵向上伸，旁枝衬托，整体平衡而茂盛。树干是笔直的、匀称的，跟树的其他部分和谐相处，同时支持着各部分。第一层是主干，是主导性张力，是班级或课堂的主导精神，是班级的思想所在，主要由班主任担任。第二层是旁枝，构成意念的各要素，构成动机的各因子，由班干及班级的意见领袖负责。第三层是树叶，是主干与旁枝两方面的产物，是学生的具体动作，也是班级精神得到精彩演绎的结果。班主任的价值就像流动在树身中营养全树的树液，起到润物无声、溶盐入水的效果。

思想就像大海上的漂流瓶，只有扔出去才有可能被发现，才有可能与世界沟通。我的实践是通过班主任和班级这个特定关系切入的，在与学生建立信任后，开始反思作为教师应该如何做教育。班主任只是教师阶段性身份的一种，而教师的职业反思不依赖于班主任身份。有幸成为班主任，让我可以深入细致地去观察与教育对象之间的互动行为模式，也让我去思考好的教师、好的教学、好的教育是什么样的，以及未来我的职业之路在何方！

下篇 关于教师的方法论

教师职业的传统

教师的职业属性

职业属性是现代社会分工体系下赋予某角色的义务，比如失火的时候，绝大部分人可以通过远离来避险，但是消防员需要去扑火；警察的义务是遇到罪犯的时候公正执法，伸张正义。教师通过付出劳动，提供社会服务，获得相应报酬。但是，教师的职业特性在于，所从事的职业大多是为社会提供公共服务，承担了培养、教育青年人的社会使命，关系到个人全面发展和国家人才的培育。教师的一言一行将影响学生的身心发展。教师职业是平凡的，但其行业特殊性决定了教师需要不断自我超越，尤其是在道德方面自我完善。

职业属性某种程度上定义了从业者的义务。社会学家马克斯·韦伯在其《新教伦理与资本主义精神》一书中提到西方哲学对职业的理解更多源于天职或使命，即将世俗职业里的义务履行评价为个人的道德实践所能达到的最高内容，其背后的内涵是切实履行个人生活岗位所带来的俗世义务，就是完成个人的"天职"。哈布瓦赫认为，当一个人进入某个专业时，当他学习运用某些实践规则时，他都必须响应某种可以称为团队精神的感受力，这种团队精神就像是专业群体的集体记忆。这种感受力通过专业活动的简单运作被形塑和强化。任何时候，任何社会评价一种职能，都是假定履行这一职能的人具有某种等级的个人品性。这些品性与社会存在的价值有关，同时也涉及履行职能的各类人员。职能一方面代表着一种技术活动，另一方面则代表具有专业之外的社会价值的那些品性。品性受到推崇的原因，不在于当事人所具有的社会财富，而是假定其必定具有的道德价值和社会价值。对于法官而言，审判行为需要整合行动、信念（尤其是道德信念），而不仅是机械地工作，这是获得职业尊重的前提。

如果认知是清晰的，其本质应该是简洁的。我国著名思想家、教育家荀子在《荀子·致士》篇中提到"尊严而惮，可以为师；耆艾而信，可以为师；诵说而不陵不犯，可以为师；知微而论，可以为师"。曾向一位具有哲学学术背景的朋友请教教师的职业属性，她的回答是："学高为师，德高为范，教师职业本质是提升人性、完善人格，是在人的灵魂上工作。"孔子说的"学而不厌，诲人不倦"是教师职业的一种境界。

人本主义心理学家卡尔·罗杰斯在其著作《论人的成长》中提到一个有趣的故事：当我欣赏日落的时候，我不会说"右下角的橘黄色再柔和一点，在云彩中再加点粉色"，我没有尝试控制日落，而是充满敬畏地看着日落。的确，对有其运行规律的自然界，我们没有尝试去控制它，而是顺应它。

教育是心心相印的活动，唯有从心里生发，才能流动到心的深处。师德修养是教师职业特有的精神生活。《学记》中提到"安其学而亲其师，乐其友而信其道"。学生会因为对教师的喜爱和认同，而相信教师所传授的知识的力量。

教师的爱

爱是对生命及我们所爱之物的生长表现的积极的关心，是一种行动，而不是情绪，是积极追求被爱者的发展和幸福。人们为所爱之物而行动，爱惜行动的劳动成果。弗洛姆认为真正的爱是一种内在创造力的表现，包括关怀、尊重、责任心和了解诸因素。教师的爱是一种博爱，是建立在一种同等人之间的爱，是人在生存状态下，需要恰当寻求别人帮助以弥补自身暂时弱小的场景。

教师之爱是一种行动，是运用人在自由之中发挥的力量，永远不是强制的产物。按照弗洛姆的观点，博爱这种美德首先是"给"，而不是

"得"。"给"不是放弃，也不是自我牺牲，相反，"给"是体验到自身力量的表现。"给"的范围不局限于物质世界，还包括他的欢乐、兴趣、知识和悲伤等，一切有生命力的东西。这种"给"的行动是纯粹的，丰富了对方的生命感，也唤起了对方的生命力。马克思说："我们现在假定人就是人，而人对世界的关系是一种人的关系，那么你就只能用爱来交换爱，只能用信任来交换信任。如果你想得到艺术的享受，那你就必须是一个有艺术修养的人。如果你想感化别人，那你就必须是一个实际上能鼓舞和推动别人前进的人。你对人和对自然界的一切关系，都必须是你的现实的个人生活的、与你的意志的对象相符合的特定表现。"弗洛姆认为："给"的人不应该把对方看成是他帮助的对象，而应该同对方建立一种真正的、创造性的紧密关系。这里的"创造性"是独一无二的，是仅适合于"给"的行动的双方的，是相互体会到价值的，而不是重复说教。我们成全别人的过程，也是别人成全我们价值的过程。

教师的爱蕴含了对个体的尊重，客观正视学生的个性，接受学生本来面目，努力使对方发展自己并成长为他自身应该成为的样子。教师的爱根植于其信仰，是一种自我意志的坚定信念，也是一种对外在世界的确认，是建立在自己真实体验上的独立信念。

教师对学生信任的重要体现是相信学生发展的可能性。这种信念不仅是相信人的发展的客观规律，更是当面对未来的不确定时所表现的信任的态度。产生信仰需要勇气，能够承受风险和承担失望或痛苦。信仰并不是一天形成的，而是贯彻在日常的生活细节中，创造性地运用自己的力量去开展积极的活动。

著名的导演及演员波列拉夫斯基曾说："你得把你自己献给戏剧，把你的整个生命贡献给它，连同你的全部思想、全部感情！为了戏剧，无论什么也肯牺牲，什么苦也吃得下，却不可奢望戏剧反过来给你什么报酬，连你一向以为非常美妙、非常动人的一点儿收获都不要打算得到。"换成教育，亦如是。

在成为教师的路上，需要避免教师职业的自恋，即教育的浪漫主义思想，保持客观性，对人和事物抱有开放性的态度，实事求是看待事物，即"了妄惟真"。

教师技能的刻意练习

人不能活在抽象中，至少需要有一只脚踏在现实的土壤里，与真实经验的质朴保持亲近。《内向性格的竞争力：发挥你的本来优势》一书提到心理学家埃里克森做的一个著名实验，实验核心内容是比较了三组西柏林音乐小提琴专业精英的成长过程，A组是最有可能成为国际独奏演员的"最棒的小提琴家"，B组是"优秀的小提琴家"，C组将成为小提琴教师而非表演家。研究发现，每组成员每周花费超过50小时用于练习，但是不同组用于单独练习的时间不同，其中A组每周花费24.3小时（相当于每天3.5小时），C组每周只花费9.3小时（相当于每天1.3小时）。因此，埃里克森得出"认真独立练习"是发展重要技能的必经阶段的结论，比如大师级的国际象棋选手在最初学习下象棋的10年时间花上5000小时用于独立钻研技能，几乎是5倍于中级选手。教师的艺术教不了，但把教师的才能衬托出来的技术是可以学习培养的，而且非经教授不可。没有人可以增益或者减损天分，但是工具能够且必须被打磨再打磨。

教学是通过一定流程和道具等手段组合，再现人类丰富的知识及背后所体现的人类群体精神。精神是抽象的、不具形迹的东西；精神是需要深入自我体会，只有在人生中最激烈的斗争爆发的一刹那才会流露出来的东西。学生的精神只能通过启发得到。教学的过程有点像剧本演绎的过程，有主题、情节，是某一特定阶段的认知所赋予的具体形式。就像跟一个学生描述站在几十层高楼上的风景，如果学生在第1层，他不会有深刻的感觉，如果把他带到101层大厦的第3层，并推出去，他的感觉会有变化。不断增加层数，直到第101层，这个过程会让学生意识到风景的渐变。

教师的技能是一门手艺，应当手到、心到、躬身实践。教师的成长包括三部分：

第一部分是身体官能的教育。教师的表现手段是他的声音、动作、感情——而不仅是通过语言或文字表达出来的内容，把自身当作活的乐器进行调整，使乐器作为工具达到其最佳设置。只有松弛自如，才有可能在课堂中随时激发丰沛的情感。教师的气场应该填满整个课堂，却又不影响教学的朴素。

第二部分是学识与文化的教育。教师需要掌握专业学科、心理学等方面的知识。活的知识和死的知识的区别在于从学生视角领悟到的知识的生命力。无论教师对知识点的记忆多么准确，如果没有领悟或建构知识的生成逻辑，即知识的生命力，那么他很难通过专业学科背景长期吸引学生。

第三部分是精神的教育，这是教学过程中最重要的因素。一个教师要是没有一种经过充分发展的精神，那么会任凭知识或信息的发展变化，而不能把握其精髓。一个教师需要有一种操纵自如的精神，以适应跨学科的教学情境。这种精神的修养需要长时间的磨炼，牺牲不少的时间和精力，尝试多门课程、不同的教育关系（任课教师或班主任），才有可能换来。这种精神最终演变成教师的个人气质，一种不需要证明自身的教师身份而让学生意识到的独特个人文化属性。

教育是一个伟大的谜题，其中很神奇地结合了"至善"和"永恒"这两种人类共有的梦想，只有这样，才值得把教育称为值得奉献一生的事业。事业本来并无大小，大事小做，大事变成小事；小事大做，小事变成大事。即知即行，这是扮演角色中最单纯而最正确的真理。只有长时间地积累，包括智慧、意志和情感，才能建构教师"活在角色里"的能力，使教师真正成为学生的人生引路人。

教育家陶行知先生在给吴立邦小朋友的回信中提到："诗兴未到，诗是诗，你是你，读诗虽多，终不相干。等到你是诗，诗是你，你和诗分不开了，才有好诗出来。没有诗的生命，绝做不出生命的诗。诗贵自然，天地间都是诗的材料。"教师角色的实践亦如是。

重新审视学习本身

对于不同的人来说，学习意味着乐趣、热情、激动、冒险和认同等，或是这些的组合。学习不仅可以丰富个体，也丰富了社会。曾经有个学生跟我说："老师，我不学习难受，学习了也难受。"当我听到这句话时，起初感觉到矛盾，延伸想想，发现这句话有深刻的内涵。第一个"学习"涉及学习本身，对新事物的好奇；第二个"学习"是当前学校教育提供的学习内容。这两个"学习"背后涉及学与教两个行为，以及学习者与学生两种不同的身份。"学生"身份只是人生中某一个阶段的社会分工而已，而"学习者"的外延却丰富很多。知识爆炸时代已经来临，每年人类创造的知识和一个人所掌握的知识相比，已经完全不在一个衡量的量级上。18世纪时，大量的知识可以被装进一本百科全书，如今，知识正以TB为单位增长。随着网络数据库的出现，学习不仅意味着解析超文本，还意味着从冗余信息中找到有效的和恰当的用于决策的信息。学习者的态度比储存在他大脑中的很快贬值的事实性知识更重要。一个人在学校期间不可能积累一生需要的所有知识。学习是一项持续的事业，学习是终身的。

全球化、数字革命以及未来环境的不确定性，都在呼唤新的人才出现。作为个体，我们正在重塑着自身对经济、文化和环境等问题的新理解。这些变化要求年轻一代具备更加有效、自主的学习方式，去适应新环境的生存、竞争与合作。学生所需要具备的胜任力是面对错综复杂、相互交织的世界，并对其持续进行动态学习的能力。

安德烈·焦尔当在《学习的本质》一书中总结了学习模式的三大传统。

第一个传统是"经验主义"传统，把学习过程描述为一种简单、机械的记录，学习是知识传递的结果。该传统假设在信息发出者（如教师之类的知识拥有者）与信息接收者之间存在线性关系，接收者掌握的信息源于对信息发出者的信息的记忆。实际运行中，使该模式有效的情境有严格要求：学习者对某个信息有期待，信息发出者和接收者处于相同的信息框架，包括知识背景、问题界定、推理方式和赋予的意义等。传统文化中提到的"寻觅知音"的小概率事件。实际教学中很难满足这些条件。学习者实际上只会记住对他而言有意义的东西。

第二个传统是"行为主义"传统，源自俄国生理学家巴甫洛夫给狗喂食的条件反射实验。该传统假设在训练基础上，学习结果通过"操作性"条件反射形成。一般教师需要将任务进行细分，并设置"奖励"或"惩罚"的激励机制，学习者选择适当的行为（获取奖励或避免惩罚），从而获得学习的成功。这一类型在游戏教学或竞赛训练等程序化模式上应用广泛。利用设置好的程序对学习者的行为进行引导。该传统衍生的教学法需要教师对任务进行解析，把复杂的学习分解成一个个基本单位，用外在刺激把它们连接起来，而学习者的思维过程被忽视，学生的先设经验、意图和愿望等很少被考虑在内。把一个人为设置的虚拟情境迁移到职业情境或生活情境存在很多困难，简单的条件反射并不能让学习者应对复杂情境。因此，基于条件反射模式的教学法受到很多批评。

第三个传统是"建构主义"传统。著名的鱼牛寓言体现了建构的原理。该传统赋予了"认知主体"非常重要的地位，强调学习者从个体的需求和兴趣出发，在学习过程中观察、比较、推理和创造等，发挥主观能动性。所谓的"发现"法、"探究"法都是基于该传统的教学法应用。但是"建构主义"存在局限，并非一切学习都是内在过程的结果，面对越复杂的情境，个体越有可能诉诸原始的推理策略；而且忽视了"发展是在社会中实现的"这一事实，将学习者孤立起来。

以上三种传统的形成与其对人类知识形成的假设有关。"经验主义"传统认为知识就像光在胶片上留下印记，是感官刺激在学生头脑中留下印记的结果；"行为主义"传统认为知识是在控制环境的操作性条件后形成的，环境可以是学习者大脑思维的"进口"和"出口"；康德和洛克认为知识源于感觉，但并不排斥理性，意识不是一张白纸，只有意识可以阐释我们从世界中感知到的信息，思想取决于可感知的素材，重要的是在陈述者和学习者的已有知识之间建立认知的"桥"（奥苏贝尔的观点）。

学习能力是人类拥有的不可思议的能力，是人类面对未来的一种生存方式或动力机制。通过对自身的成功和失败进行总结，甚至创造，以解决问题或进行预测，在这个过程中体会到挑战的乐趣、投入，回馈学习行为本身，促进学习更多真正"有用"的东西。他人无法替代他去学习，只有学习者才能学习，而学习只有借助学习者掌握的知识或技能才能实现。学习是个系统过程。学习不是接受信息，学习者也并不是利用知识的独立创造者，可以说学习者的认知是与环境互动的结果。

学习者和知识的相遇不是自然而然发生的，知识的获取不是自动实现的，学习者和知识需要共振，发挥协同作用。问题是，学习者不会轻易放弃自己的观念和信仰，这些知识已经内化成顽固的常识。在进行新知识学习时，先有知识（即常识）往往会排斥新信息，除非新知识被证明或先有知识显得过于陈旧。换句话说，先有知识已经成为认知主体的一部分，起到阐释知识框架的作用。皮亚杰认为通过反省抽象达到的行动内化的机制是最周密的机制之一，当然还存在其他机制，这个过程有点像清除牙垢甚至是刮骨疗伤。每一次改变对学习者来说是一次威胁，是对自己过往已形成的阐释世界的逻辑体系的重新审视，甚至影响自己对人生意义的判断。

从人的生理结构来看，学习依赖记忆和调动机制，只有环境变化，大脑才会学习。人脑对于外部世界的组织，其关键在于认知结构和与环境的信息互动。每个新的情境，都有助于学习者的学习。大脑处理的不是分散的信息而是概念，后者指大脑储存的知识，个体依据外在环境的需要进行调用。学习的结果是根据新的情境，对大脑储存的知识进行更新和迭代，最终表现为认知升级、个人世界观更新和重构。当然，学习者所形成的先有概念与个人经历甚至个人记忆息息相关，形成他自身适应环境、实现自洽的逻辑框架，最终使其与所处的社会环境的文化保持一致。大脑中的概念帮助学习者快速进行新情境的信息解码和编码，提出假设、进行预测和做出决策，这一系列的步骤能够在很短时间内完成。神经心理学家唐纳德·赫布提出用同一种节奏工作的神经元会彼此促进激活，出现新的网络，然后永久保存。这个发现从生理功能的角度说明大脑对于知识更新具有持久性，具有可塑性，人在一生中都具有在神经元之间建立新的联结的可能性。

综上所述，学习所支配的是有关个体和情境的概念，还包括学习过程中所体现的感情、愿望以及潜在的激情等情感层面，比如学习过程中出现的焦虑、乐趣、愉悦甚至厌恶等情绪。完整的人格包括智慧和情感两方面的成长，因此学习过程包括认知学习和情感经验的学习。皮亚杰认为教育就是要促进个人适应周围的社会环境。教育的使命不仅是提供知识，还是发展思维，关注学习者的兴趣，找到最适宜学习者自身发展思维的环境和方法，提供合理的教学方法和丰富的充满互动的教学环境，加速心智的成熟过程。

人们似乎形成了学习需要通过学校完成的思维惯性。工业生产的逻辑影响着现代教育的逻辑，它们都服务于钟表背后所蕴含的效率的理念。学校通常更多把关注点放在"教"什么知识上面，学校的学习让学生成为老师所教授知识的消费者。在众多测试、考试、竞赛、成绩和评估之下所掩盖的学习的真正结果是什么，真正激发学生的学习兴趣了吗？答案却是不确定的。工业时代社会发展的模式与生产要求保持一致，要求人服从同一个指令，规格化。学生身份意味着学习者在校园里按照规定的模式、规定的速度完成规定的任务。

"在打铁中成为铁匠"表达的是学习者可以自行组织自己的理解，但实际上，学习者在学校学习过程中，并没有真的在"打铁"，更多是看着老师打造一个部件，甚至仅是观看一个已经打磨好的部件。尽管教师已经尽力组织真实情境所需要的素材，尽可能缩小组织后的情境与现实的差距，也只能间接对学习者的认知组织发挥作用。学生似乎学习了被消化过的知识，但仍然需要经历自身知识结构化的过程。实际上，一些心理学研究已经证实，所有的知识吸收过程都是重新结构化或重新创造的过程。

皮亚杰认为认识是由行动得来的，而不是简单的联想反应，客体的改变与主体的改造行动密切相关。认识一个客体，就是通过对它采取行动、进行改造来掌握背后的机理。人的重要学习对象是操作工具，形成技能，最终形成自身在社会中的存在方式。工具创造着历史，技术伴随着人类文明的发展和进步。北京大学深耕技术哲学领域的吴国盛教授认为，所有的工具都有意向结构，比如刀的意向结构是切割功能，一切可以称为刀的物质都具备这一意向。一旦将其定义为刀，当使用它时，就意味着使用其切割功能，可以切割肉类、蔬菜、水果甚至金属。使用情境的不同只是说明它们是不同类型的刀罢了，如杀鸡不用牛刀。而技术的意向结构是指人按照技术逻辑去使用工具。技术具有特定的使用方式，这是不以人的意志为转移的。当然，技术的意向结构也是人赋予的。人通过技术来进行自我构造，人成了一切意义的来源。技术不仅呈现为工具、设备等，还包括人对自身身体的操控。技术运用得越好，与我们身体的融合越细腻，即实现具身化，技术成为人的身体的一个无机的组成部分。人通过学习使用工具，进而塑造自我。学习是一种意向性活动，充满着主动的精神。

知识不是馈赠，而是自身主动学习的精华。康德认为人永远不应该是实现他人目标的工具，人本身就是一个目标，而不是他人的工具。在每一种创造性劳动中，劳动者和对象合二为一。在创造的过程中，人与世界保持了一致。通过创造性劳动，首先实现的不是人与人之间的统一，而是自我与环境的统一。学习者是其自身教育真正的"创造者"。学习的动机即对知识的欲望，包含一连串因素，是一个多样态的过程。动机犹如火山喷发，伴随着好奇心的积累而发展，逐步成为一种促进自我超越的力量。人本主义心理学家卡尔·罗杰斯指出动机源于人的内在需求，其受到个体的感知和期待，即自我效能感的影响。由教学带来的外在干预可以在一定情况下影响学习者的自我效能感，比如信任、鼓励和惩罚等。

学习者学习的动机源于以下几种可能：第一，学习的新知识能够立刻派上用场，知识的时效性很强；第二，学习者需要改变自身心智结构才能重新建构对世界的看法，此时，他需要一种新的合理的对当下情境的解释；第三，学习者渴望未知的新知识，而不纯粹是为了解决当下情境的问题。在学习过程中所体会到的愉悦作为正反馈。从第一种到第三种可能的发展过程，意味着从环境主导到个人主导的变化过程，越靠后的可能性对应越强烈的克服学习障碍的动力。三种可能在现实世界中同时存在。

动机不仅受到内在需求的激发，同时也受到外在环境的影响。一个人越认可自己的能力且获得良好的学习结果，他会对自己的学习策略更加精细打磨，力求更高效率和更好效果。成功会强化学习动机，而失败，尤其是严重的、看不到前景的失败会使学习者更容易丧失动机。学习过程中的情绪状态影响学习效果，例如，轻松、活跃、趣味性的学习氛围有助于对信息的"记忆"，但是仅有情绪是不够的。

塞莱斯坦·弗雷内说：人在打铁中成为铁匠，在写作中学会写作。有了动机，就像准备好起跑的姿势，并专注在听发令枪的过程；而跑起来的过程才是学习知识的真正旅程，也是获得学习结果的必经之路，就像实用主义教育哲学家杜威提倡的"在做中学"的理念一样。学习除了动机和好奇心，还需要在实际的情境中投入时间刻意练习。在学与做中，知识和行动是一体的，脱离行动的知识是空泛的知识，脱离知识指导的行动是盲目的行动。教学的艺术在于与学生分享某项知识的乐趣，引导学生进入特定的知识领域。教师可以对各种各样的信息进行筛选和过滤，控制外界环境刺激的大小，尽可能采用最有效的手段来刺激学习者的知识生产。

在《学习的本质》一书中，作者提到了学习过程中关于障碍——墙的隐喻，学习者学习的过程好像越过墙（障碍物）的过程。如果墙很高，让学习者失去了探究的兴趣，那么教师需要提供一把梯子，或者设法让学习者爬到一定的高度，可以了解墙外的世界。如果墙比较矮，学习者可以跳过去；如果墙比较高，需要借助梯子或绳子翻过去，当然也可以借助脚手架，甚至建造楼梯。问题在于，如果时间拉长，学习者一定需要不惜一切代价地越过去吗？还是说可以让墙产生裂缝，让其一段时间后自动崩塌呢？甚至可以挖一条地道，针对盆地里的墙还可以把水引过来将其淹没然后游过去。上述走出思维惯性的思考过程，可以探索出非常丰富的教学干预手段。解构是一种常用的方法，但不是唯一的方法；解构甚至可以转化为另一种建构，如建一座桥或一条隧道等。教师的艺术在于调动学生关于其自身先有概念不足的认识，并提出新知识，甚至引发新知识和旧知识之间的认知冲突。在学习过程中，越过障碍所采取的建构和解构是同一个现象的两面；障碍与学习不可分割，障碍本身是思维的一部分。当然，克服障碍会涉及成本，包括时间和资源等。学习者的先有概念不是孤立的，而是具有内在一致性和自身自洽逻辑的模型，这些模型具有解释新情境的潜能，从而能够让学习者整合新信息并适应突发的情境。

安德烈·焦尔当认为学生从来不是通过被结构化了的课程来学习的。基于学生在课前已有的知识储备，教师的作用在于揭示知识，使其得到精炼或者被超越。一些看上去很简单的知识实际是生产实践中经过大量验证的产物，经历了文化的长期熏陶。有些真理的获得甚至经历了很多的弯路。教师不再是知识的掌控者，而是知识和学生之间的"媒介"。"媒介"发挥着促进、丰富和创造学习的条件，汇聚学习的各项因素。因此，教师既需要了解知识，也需要了解学生，了解学生的疑惑、推理逻辑，以及对知识和学习环境的期待。保持学生和知识之间的微妙互动是教师艺术的体现。通过教学环节的设计，促进学习者在学习过程的各个层次的表达，比如发言、绘画或写作等形式，可以促使一个概念的丰富性呈现出来，同时让学习者意识到自己思想的局限性。对于教师来说，这种表达是难能可贵的，提供了关于学生的现状、水平和潜力的信息。当学习者学习停滞的时候或者感觉失败受挫的时候，教师还应该提供情感上的支持，比如信任和鼓励。

正如实用主义哲学家杜威所揭示的：当自我对一个想法、意见或物品产生认同，当自我在其中找到了一种表达方式，它就成为学习者活动所必需的原料，只有在这时，兴趣才真正出现。

著名教育家陶行知先生认为教师有三类：第一类是只会教书，即学生在复制书本上的文字；第二类是教学生，专拿现成的材料来教学生，凡是学生需要的，教师都拿来给学生，学生处于被动学习的状态，但是实际上现实生活中的道理无穷，教师所能教给学生的知识仍然是有限的；第三类是教学生学，教师承担指导的责任，学生承担主动学习的责任，学生最终学会举一反三，学会背后的方法论。不是从经验里发生出来的知识便是伪知识，需要用学习者自身的真知识做根，用这经验生发的知识做主干，将他人的知识嫁接在枝干上，让别人的知识成为学习者有机体的一部分。"闻知"得来的很多知识，哪怕背得滚瓜烂熟，也是于主体无益的伪知识，学习者自身的真知识是吸收外在世界新知识的不竭源泉。

教师需要一面教一面学，已经学习的知识并不能"一招鲜吃遍天"。陶行知先生曾说："鄙人最喜同学生谈话，因十余年来，无日不做学生；即现在当教员，亦未尝不是做学生，盖不学则不能教。"当教师的心智活动和他所处的环境之间建立丰富的互动时，教师的知识水平会有所进步。教学的环境刺激教师的学习，使其在工作中追求创造性和自发性，赋予工作本身的意义。

教学是一种集体创作，以可视、可听、有节奏的形象，借助人类精神的清晰、精确、自然的情感和情绪，来阐释知识，使学生理解知识，并形成自己的知识。课堂因为教学与学习者而存在。运转流畅的教学提供了创造性的基点，激发学生进入想象之境，让那些发自肺腑的、振奋人心的知识的力量得以体现。尽管这一力量可能是一瞬间的，却能让在场的参与者共同经历。这就是教与学的乐趣所在。

教师利用其高超的教学艺术成为学生学习的媒介，让学习者能够学得进去，这项能力对于教师的要求非常高。只有经过长期的实践活动，直到理论知识和实践经验融会贯通，转化成灵感，才能打通艺术之门，在职业发展过程中创造教育理论和教学技术的无限优化可能性，打破教师仅仅是知识传递者的认知。当学习者感受到他们的力量、能力和自由时，他的创造力将被释放。

班级凝聚力与集体记忆

青少年普遍需要解决来自学业、社会生活和家庭关系三方面的问题，具体体现为如何获得好的成绩、结交新朋友以及从家庭中独立。大学教育的目标之一是培养学生的独立性，而班级凝聚力的形成过程是为学生提供社会支持系统的建构过程。班级凝聚力的整体性源于个体独立性。

班级凝聚力是在班级实际运转过程中的一种情感，既模糊又精确，仅在班级内部产生。这种情感和态度，的确来源于个体的影响，但是不完全等同于所有个体的加总。这种情感几乎是把群体成员聚集在一起的唯一黏合剂，这些情感的力量由此而来。班级的凝聚力是建立在班级的框架下发展的，需要适应班级自身的独特性；这种班级情感具有独特性，其他班级成员不能共享该情感，他们不为这些情感所动、不感兴趣；对于因转专业等原因从班级分离出去的成员来说，原班级的情感会成为他记忆当中的过去式而被逐渐淡忘；班级凝聚力不是在最初班级成立时就明确下来的，而是经过很多共同体验后所记忆的观念和情感的产物。

在班级里，我们看待同学时，根据的是他们的个人特性，而不是把他们当作某个经济、社团或者具备某种权力的群体的成员。在班级里，有价值的东西首先是几乎专属于每个人的个人品性，而对于那些没有渗透进班级的其他群体来说，这些个体是什么是无关紧要的，他们对其甚至是漠不关心的。这种相互关爱的情感是自然产生的，建立在经过深思熟虑的理性选择基础上。正是因为在认识到个体的独特品性过程中，班级同学确认了情感的源头。任何被班级记住的事件或人物，都创造过极具记忆点、极为丰富的画面，这个画面唤起了班级同学个人通过亲身经历所了解的现实。

重视深层的亲密性，可以帮助我们成长。我们会为他人感到悲伤，也会为彼此感到欣慰；成为一个集体，意味着我们愿意忍受不适感，也享受彼此的鼓励。在一个集体中，每个个体会利用机会成为自己想成为的样子，体验到独立性与多样性；"独立意识"并不会因为"集体意识"的存在而退缩。有些同学在集体找到个人职业发展路径的答案；有些同学获得促进内在力量释放的情境；有些同学获得改善人际关系的技巧；有些同学获得努力奋斗的新方向。具有凝聚力的班级的最大价值在于，让每个人能够自由，保持独立性，在多样性共存的状态下朝着个人目标努力。

卡尔·荣格曾说："两种性格的碰撞就如同两种化学试剂的接触，无论发生了任何变化，两者都逃不开。"任何班级环境都是充满多样性的，不同性情和个性的人能够对周围环境产生适度唤起，"唤起"是一个心理学概念，指大脑存在兴奋机制，能够使我们保持清醒、警觉以及精力充沛，与之相对的机制为镇静机制。安全且得到信任的班级环境能够让班级成员进行自我调整，自然地去克服一些恐惧，尤其是人际关系方面。比如，喜欢热闹的人可以学会从那些安静的人当中获益的方法，反之亦然。班级成员能够有意识地选择适合自身性格的环境——不会过度刺激，也不会刺激不足；不会感到无聊，也不会感觉焦虑，实现"最佳唤起水平"，即人际关系的最佳"甜蜜点"。

按照社会学家保罗·康纳顿的观点，任何社会秩序下的参与者必须具有一个共同的记忆，对于过去社会的记忆在何种程度上有分歧，其成员就在何种程度上不能共享经验或者设想。即对于同一个班级的同学来说，虽然相处于同一个物理环境中，但他们可能在思想和情感上保持绝缘状态。一个班级非正式地为自己建构起一段口述史：在这个历史中，每个人都在描绘，每个人都在被描绘。描绘的行为从未中断，描绘的具体行为体现为闲聊。班级凝聚力是一种建构的班级文化，也是一种群体记忆。要理解一种班级文化，需要认识到覆盖班级同学的在校生活史，这种模式并不是通过个人干预支配制度的运行来产生的。

从普遍意义来说，同学之间相互认识的方式，是通过让对方描述，听者通过相信或不相信有关对方过去和身份的故事，来实现两者由陌生到熟悉的过程。社会学家哈布瓦赫认为：时间真实与否取决于它是否有内容，是否提供了作为思想素材的事件。或者像涂尔干所说的：这些必不可少的标线，都来源于社会生活，所有事物都是参照这些标线在时间中加以定位的。按照社会学的观点，社群存在集体记忆或社会记忆，我认同这个假设。那么班集体的记忆是如何传播和保存的呢？

"记忆"作为动词与被记忆的对象不同，班级成员关于班集体的记忆更多在于被记忆的对象。班级成员的记忆依靠同伴，是建立在社会记忆框架基础上。确保记忆完整性的前提是必须能够进行推理、比较和感知与人类社会联系的回忆过程，班集体里存在多种不同记忆对象的行为。

第一类记忆是个人记忆，将记忆的对象定位为个人过去所发生的事实和情绪。每个人带着个人记忆而来，在同一个物理空间的相处有可能会进入他的个人记忆中，成为个人口述史的一部分。个人记忆的叙事结构一般涉及时间、地点和事件三要素，即主人公在特定的时间、特定的地点，做过一件特定的事情。个人在进行记忆口述时，某种意义上是在回忆自己。在这个过程中，存在关于"我"的双重性，现在的我和过去某个时间、地点、事件三要素中的我。学生个人历史促进学生自我观形成，进而影响学生对自身行为及自我价值的态度。但是基于个人记忆的口述史存在局限性，个人记忆的叙事主角是自我，即看待问题的角度来源于自我，对他人参与其中所发生的事实和情绪往往会忽略很多细节。因此，从个人历史中无法全面获知其他人的个人历史。

班级的每个成员会存在个人口述史，大多数细节不同。当班级同学之间相互识别和理解别人的所作所为时，尤其是把某个事件、情节或者行为方式，放到个体的口述史脉络中时，就能实现不同个体之间记忆的传播。个人生活的叙述，是相互关联的一组叙述的一部分，它被镶嵌在与个人有交集的那些群体的故事中，即个人的口述史与他人的口述史相互关联，或者说个人无意识参与了他人口述史的建构。口述史作为书面记录的局限性在于，没有什么人会费心记下他们视为自然而然的东西，这些自然而然的东西就是学生群体的日常生活。

第二类记忆是认知记忆，涉及对"记忆"的利用。通过个人描述的内容，主人公记住了某个故事、某个笑话、某段经历或某个人发生的事情等。这类记忆可能随着时间的流逝而淡忘。认知记忆与个人记忆不同，区别在于认知记忆涉及与他人、他物相关的事实，最后这些相关事实成为认知记忆中的符号，个体经由符号回忆起对应的故事。

第三类记忆在于我们拥有再现某种操演的能力，涉及习惯行为模式。这一类记忆体现为所习得的技能。我们不需要去回忆我们什么时候获得了这项能力的环境或知识，我们只需要现场演示，即可呈现所掌握的技能。我们使用这项技能时不需要回忆过去，而这项能力的确是在过去形成的，可能经历了量变到质变的过程。这一类记忆背后的能力往往是学生对大学生活的期待之一。第三类记忆往往形成习惯，尽管习惯可能不那么显著，或者说个人并未意识到某个习惯的存在。人是一个过程，而不是固定不变的习惯的组合，这激发了行为的改变方式，促进了选择的发生。

以班级成员WeiWei个人记忆中被无数次提到的批判性思维能力为例。这项能力是他在大学阶段的重要收获，通过知识积累和思维习惯的养成，他最终形成这项能力。当然，这段记忆也融入了他的个人口述史中。这项技能在给班级同学期末复习时得到充分演练，以不同的方式进入不同同学的个人记忆中。对于WeiWei来说，他记住他曾经做过这件事且运用了批判性思维的技能，而其他接受培训的同学记住了WeiWei曾帮助大家在期末开展结构化复习，使自己能够顺利通过期末考试。虽然"WeiWei组织的期末考试复习"是被共同认知的事实，但是从个人记忆的角度来看，其内容是差异化的。每个人记忆中强调的都是这件事对我（参与主体）产生的影响是什么。毫无疑问，对于信息接收方来说，可能并没有形成第三类记忆类型——拥有某种操演的能力，主要是第二类记忆。

记忆不是孤立的事件回顾，它将演变成有意义的叙述系列。班主任与学生谈话时，如果对方执着于现在，可以把注意力转向过去；当谈话对象详述过去时，班主任则可以在当下寻找材料，通过一组叙述提出对另一组叙述的询问。因此，在某种程度上，班主任与学生谈话是通过插入新的视角或模式，重构学生的个人生活史。

保罗·康纳顿认为社会群体是由一个交际系统或多个交际系统组成的，关于过去的意向和对过去的记忆知识，或多或少是由仪式操演来传达和维持的。纪念仪式和身体习惯对于记忆的形成非常重要。

仪式的本质在于表达，而非工具。仪式的价值在于体验仪式的过程本身，仪式倾向于程式化和重复。仪式需要被认真遵守，以表达感情；从某种意义上来说，操演一场仪式，总要认同它的意义。班级仪式不仅是表达某些班级信仰的一种方式，而且，涉及班级整体性的事情只能用班级活动为载体的仪式来表达。

纪念仪式对塑造社群记忆起到重大作用。仪式通过沟通群内共同价值，减少内部纠纷，塑造某种精神及由此精神塑造的意识，形成文化传统来发挥作用。在仪式的文化传统中，个人向组织表达他们与组织之间模糊而亲密的关系。仪式发挥了调整组织关系的杠杆作用。仪式并非口头评论，仪式即行动，由此，仪式成为强有力的记忆手段。仪式的一致性使参与者出现一致的行为方式，形成某种集合人格。在仪式上所展示的一切，建构成关于仪式的符号表象，渗透在非仪式性的行为和心理中。仪式能够把价值和意义赋予那些操演者的生活。要想让这些仪式对参与者发挥作用，甚至通过仪式来说服他们，那么这些参与者就不能仅在认知上有能力完成这样的操演，他们必须习惯于这样的操演。这些操演将表现在身体的参与上。

班级活动的组织者在最初的组织过程中，可能显得生硬、不自然，当其行为达到连贯的效果时，意味着组织者与参与者之间已经形成自然、熟悉且明确的规则状态。班集体之间的突破性别的关系，对于学生来说，是需要重新理解、适应甚至顺应的过程。把同学之间的性别关系看成普适的关系，从而把握好同学之间同性别、不同性别之间的相处模式，从意识以至落实到恰当的身体行为上，比如保持合理的交友距离，恰当给予对方以支持和鼓励等。习惯是一种知识，蕴含着身体的记忆和操作技能。

在来学校之前和在大学的学习过程中，每个学生通过过去自身生活各个时期的记忆，建立自我认同感并使之持续。每一段新的经历尽管是以重复过去的行为模式（过去的回忆）为主体，但是当经历着不同的观念系统，人被潜移默化地改造。过去的记忆，确实是属于每个个体的记忆，但是这些记忆同样属于如同自己一样了解我们这些记忆的人。换句话说，我们当下的行动也会融入新的记忆中，也会属于当下了解我们记忆的人的记忆。如果享有和我们一样记忆的人是一面镜子的话，我们的生活某种程度上是在别人和别的环境中找到自我。

在一段时间内，班级成员对于同一个班级的记忆是相似的，但是，这些记忆又是不同的。记忆的相似性源于同一群体在班级时空下共同发生的一些感兴趣的事实和情感。同学们在大学期间被鼓励参与各种社团活动，这些参与的过程将会带来不同群体的共同记忆。当班级成员回忆起有关班级的特定意象，每一个意象都对应着一个单独的事实或场景，个体会赋予这些人一个不会与别的任何人发生混淆的初始印象。没有什么比昵称更能显示出这些蕴含情感的记忆了，比如XiaoPing、BeiBei、Xiang、WeiWei、JiangQi、MengMeng、JiaoJiao等。当提到某些名字时，个体成员能够想到超出符号本身的象征意味，包括附着在其上面的与这些名字牢不可分的某些东西。这种可能性正是班级存在、延续和整合的结果。

班级成员不断交流着彼此的印象和观点，加强他们的关系纽带，这个纽带将会越来越坚韧，很难被斩断。班级的生命犹如其成员的生命，都是在相同的时间框架中度过的；如果班级的价值观传统不适合其成员，那么班级自身的存在也会受到影响，或名存实亡。班级记忆的框架由观念组成，包括人的观念和事实的观念，班级的回忆会变得更加精细，而且会固定在个人的记忆上，最终班级都会拥有自己的逻辑和传统，并以其自有的方式去解释它吸收自社会的概念，这些概念逐渐渗透进班级中，形成班级的凝聚力，并保证了班级的延续性。

陶行知先生说，与人的隔阂完全打通，才算是真正的精神交通，才算是真正的人格教育。怀特海说，人们只有在保持着足够差异的情况下，才可能相互羡慕、相互鉴赏，才有交流的欲望。

只要每一个人物、每一个历史事实渗透进入班级集体记忆，就会被转化为一种观念或一种符号，并获得一种意义，成为班级独特文化（班级观念系统）的一个组成要素，实现传统与当下的延续和共存。集体记忆具有双重性质，既是一种物质客体，比如曾经一起经历的一些事实，又是一种象征符号，是附着于物质客体之上的群体所共享的精神内涵。班级思想的本质是一种记忆，在之前的班级生活中存在过，只是在当下的班级文化框架中得以建构，重新组织起来，形成班级文化的一部分。

走向何方

因为职业的原因,多了"教师"的身份,也多了一个节日——教师节。这一天刚刚好紧贴我从教生涯开始的日子。教师职业的幸福不是追求的目标,而是实现所追求目标的副产品。一位老师曾经谈到:学生在校期间,老师对他们用心付出和教导,但学生毕业后,他们总要离开学生,作为老师,感觉没有得到回报。我也不例外,最初思考过付出和回报的不对等问题,或者说满足延迟问题。

最初内心不太适应"教师"的身份。在正式入职之前,所在学院要求我提前去实习,因此有了较早跟学生接触的机会。学生称呼我为"老师",我第一反应是愣一下,本能往后退一步,表达谦让,也表达了内心的一丝丝尴尬。可能内心认为"老师"是神圣的,应该内外兼修、底蕴深厚,那时候的我何德何能配得上这个称呼?经过五年的修炼,对这个身份适应一些,能够坦然面对学生,确切说是面对学生对老师的期待。我努力做到学生对老师的基本期待,并逐渐提升,以满足学生对优秀老师的基本期待。成长的脚印让我踏实,名副其实的感觉让我的心安定。

我的教育对象是学生。我将学生引向哪里?在一则关于三个石匠的故事中似乎找到一点感觉。

工人们在修建一座规模宏大的宫殿。有三个石匠在修建石阶。这时,有人路过,问这三个人在做什么:

第一个石匠答:"我在混口饭吃。"

第二个石匠答:"我在做这个世界上最精致的石器活。"

第三个石匠自信地回答:"我在建造一座宫殿。"

从系统论的角度来说，石匠、石头和目标是一个整体。最终的目标不是各个部分简单地整合在一起，即不是机械团结而是有机团结。分析一个系统不能只分析部分，还需要关注它们之间的连接以及连接指向的目标。三个石匠、石头都是部分。第一个石匠对工作没有热情，没有动力，他的热情和动力主要来源于外在激励；第二个石匠精于打磨自己的手艺，他的热情和动力来源于自己个人价值的提升，跟组织的目标并不完全一致；第三个石匠有愿景和整体目标，用更远、更高的层次，更准确理解了自己的本职工作。

看到这个故事时，我意识到我的当前状态可能与故事中的第二个石匠相同，一直在提升教学的手艺活，精力投入在个人职业技能提升上。这也有可能与我的个人特质有关——做事效率比较高的方式是一段时间专注一件事。这无意识或有意识地把自己朝着第二个石匠的方向引导。我甚至停笔静思去搜刮自己脑海中但凡有点走入自己内心的高位愿景，没有非常具体的结果。这个方面让我看到了我对教育的浅薄理解。

我好像真的没有想过把金工16级学生引导成什么样，在担任班主任过程中不自知。可能最初潜意识里，能够适应当前社会激励竞争，在大学期间储备技能，让自己在就业市场中多一点选择权，毕业后能够有较好的职业发展，就是我的引导方向。具体说来，那个成长目标似乎是这样的：理性、自律、独立学习、独立思考、有执行力、关注细节、不给他人找麻烦、认真负责等。乍一看，这不就是我想成为的人吗？甚至这个人就是期待的"自我"，这也是我尝试展现给学生们的样子。某种程度上，我在传递着我对竞争激烈的社会环境的某种焦虑，以求利用更多确定性的内容去面对未来的不确定性。只有在矛盾中，思想才有能力。就像《梨俱吠陀》中表达的"我是两样东西，是生命之力量，又是生命之材料，我同时是两者"。最终把握世界的唯一可能性不在思想，而在体验统一。

大学对于学生的意义在于找到自己人生的偶像，然后通过模仿他去成长。在最需要精神支持的时候，这些心目中的教师会用什么样的状态度过他的人生呢？

回想我从小到大的学习经历，遇到过各种各样的老师，虽然真正让我感受到具有人格魅力且举手投足之间摇曳生辉的老师不多，但是很幸运，遇到过这样的老师，那是研究生阶段上《新闻评论》课程的涂老师。当时上课的开场白一直留在记忆里，风趣、幽默、专业知识扎实、课程知识点逻辑清晰，她用她的教学实践给我做了一个"师者"的示范，她当时已经58岁，即将退休。

按照阳明先生的观点，每个人都有圣心，通过学习可以去除遮蔽，让圣心显露出来。这个圣心是个体内在的本性。也许我在人生中避免不了成为第二个石匠，即仍然需要手艺活的人，但我想我可以尝试帮助第一个石匠转变成第二个石匠。这恰恰是职业教育的价值所在，拥有一技之长，让生活更美好。

当然这个顿悟还受到我国平民教育家陶行知先生的教育思想和人生故事的启发。陶行知先生提出了很多我深表认同的教育理念，如生活即教育、教学做合一、老师的责任是教学生学、要教真知识而不是伪知识、真知识来源于个体的生活经验等。陶行知先生的伟大在于他用实践去验证自己的理念，并用实践尝试去解决当时的社会问题。陶行知先生就像第三个石匠，他非常清晰自己的愿景，并为愿景的实现而不停实践。人生为一大事而来，为做一大事而去；行是知之始，知是行之成；教的法子要根据学的法子，学的法子要根据做的法子，教学做合一。这些思想在我的实践里产生了新的生机。从他身上，我最大的收获在于"实践"二字的深刻内涵。我需要实践，我的成长来自实践，实践让我产生问题并去寻找答案。

在跟身边的人接触时，我总会去挖掘可学习之处，并跟一些崇拜的老师保持交流，可能还谈不上对话，但有意识或者无意识地希望他们身上的智慧照耀到我这里，启发我对我的工作实践的反思。有时候，他们偶然的一句话或一句道理，值得我反思一年，甚至成为我当年最大的收获之一。终有一个时刻，个体意识到了自身由内而外的改变，并能够定义出这个改变是什么，这是个体认知提升的标志。个体的成长有一个从无意识到有意识再到无意识的阶段。

按照这个思路，我的那些教师偶像是什么样的？

第一，对人性确信，对人保持信任。对梁漱溟先生《我的自学小史》中的一段话深有共鸣："由于向上心，自知好学，虽没有用过苦功，亦从不偷懒。环境好，机缘巧，总让我自主自动地去学，从没有被动地读过死书，或死读书……总之，向上心是自学的根本，而今日我所有成就，皆由自学得来。"其中，"向上心"是人的天性，就像小草一样，"野火烧不尽，春风吹又生"，有那种顽强的生命力。这是一种基于人的本质的基本的信任，是对学习者的关心，是一种不具有占有心的关心，是对作为独立个体的人的接纳，是对另一个人因他自身的能力而具备的价值的尊重。基于这样的态度，能够完全接纳学习者在遇到新问题时的害怕和犹疑，以及对成就的满足感。我的"向上心"因为这一批学生的需要而产生了问题（问题导向思维），同时让我看到了学生的"向上心"（即前文所说的每个学生都有可能性），通过自学去探索适合我的解决方案，不断试错，我的自学行动是自身价值和外在价值的结合体。

第二，充满热情。那种热情犹如一束阳光，学生目光所及之处都能感受到。那种热情不是短暂的，而是一种持续的发热。常言道，只有把自己先感动了，才有可能去感动学生；只有自己觉得有趣了，才有可能让学生感觉有趣。我记得有一堂课，那是刚休完产假后的新学期第一堂课，那天的我像新老师一样，害怕教学技能生疏，提早到了教室，做好一切教学准备工作，以及学生分组设置所需要的物料，等着上课铃声响起。很快，我进入了熟悉的状态，三课时过得很快，下课了还觉得头脑是热的。完全投入的时候，可能不觉得自己有多热情，但是学生感受到了热情，他们都记住了这个有趣的第一堂课。

第三，具有一种感受的能力。能够及时感受到学生积极的情绪或者消极的情绪，比如高兴、沮丧、感动、悲伤等，无须否定或否认任何感受，只需要承认感受的存在，感受真实。这些感受本身是学生生命力的一种体现。生活不是停滞的，生活在动态地变化，随之而来的洞察力、体验都是持续的。培养学生感受的能力本身是发展完整人格的一部分，导向平和的和谐状态。也许有些情绪会让自我感到不适与紧张，但是感受真实感受的过程本身是一段令人兴奋，有时也会带来困扰的持续冒险。当老师能够从内心理解每个学生的反应，并敏锐地意识到学生经历了何种学习过程，那么显著的教学相长将会发生。

第四，充满智慧、勇气与真诚。老师一定不是完美的，但是老师可以用智慧去引导学生，用独特的视角去点亮学生。这一条路比热情之路难很多。智慧的态度意味着接纳学生此刻的不完美，包括知识的不完美、学习习惯的不完美和学习态度的不完美；但是智慧的老师愿意去相信和等待学生变得更好，相信老师自身能力的局限性，相信学生自身的可能性，等待合适的契机到来。有时候老师需要有勇气去打破学生理解的不平等师生关系的偏见，在"立人"这个角度，老师和学生都是平等的；老师有勇气去选择一些方式或工具去创造这种平等关系的场域，才有可能促进对话的发生，真正启迪智慧。真诚的"诚"让我想到绍兴蕺山书院门口的四个大字"慎独诚意"，当时的理解并不深刻，现在想来，"诚"是最要紧的，诚意味着知行合一、表里如一。从西方心理学的角度看，"合一"是一种自我和谐的状态，个体的真实自我与理想自我（个体想要变成的自我）和应然自我（他人对个体的期待）达到统一。对于教师这个职业来说，学校是制度化的组织，所以学生在很多方面会感觉到制度的强硬，而老师是组织内个体与个体之间的交流，是柔软和温暖的部分。深度理解是给予他人最珍贵的礼物。当教室的学生遇到一位通情达理的老师，他会发现自己处于了解知识的氛围中。

第五，在某个知识领域有专长。教育家马卡连柯说：学生可以原谅老师的严厉、刻板甚至吹毛求疵，但不能原谅老师的不学无术。爱因斯坦说，教师教学艺术的最高境界是唤醒学生对创新表达和学习知识的兴趣。完善的知识结构是教师的底蕴所在。只有了解前人在相同领域或相同学科沉淀的成果，老师才能建立基于某个学科的更客观的认知和把握，才有可能在这基础上进行贡献。这个贡献不一定是发现或创造了新的理论，也有可能是传递了该学科的学术真理及背后的精神。教师是向导，不断重构、解构自身所具备的知识体系，通过知识的理解和传达，帮助学生找到理解特定知识的最佳路径。知识本身是为了帮助学生解决现实问题助力的，实践让学生相信知识的力量，并提升运用知识的能力。让学生的学习转变为一段迷人而美好的旅程，贯穿于学生的整个生命对幸福的追求中。最终，教师以真理的力量征服学生，并在其基础上对学生进行价值引导。离开真理的力量，教师育人功能的发挥就失去可依托的载体。

第六，保持克制。老师对学生进行价值引领，自身首先要做到对各种欲望的控制，比如控制对物质基础的过度追求、对学生的行为或思想的控制欲、对教师本身的激情。学生像一面镜子，老师不仅投射了知识、能力，也投射了态度。保留合理的不违背自然规律的欲望，去掉遮蔽人的本性发挥的欲望。

第七，保持童真与好奇。小孩子就像科学家，每天在做着各种科学实验。比如自由落体、重力与速度等。好奇心是老师开放与包容心态的牵引，激发老师对知识、对人性的持续探索。

第八，坚持。以上几个方面的发展相辅相成，非一蹴而就。有数据显示，成为专家需要10万个小时的投入。老师对学生的影响是副产品，老师的具体实践往往体现在琐碎的事务性工作中，比如日常教学、备课、论文写作与发表、教材编写等，这些工作需要老师基于内在价值观进行取舍、筛选和优化。老师想把学生教成什么样，他就应该首先成为那个样子。这个过程考验老师的智慧、耐力和精力。

梁漱溟先生认为："人生路上相提携为师友结合之本；此师友所以为人

一生所独贵，而亦即教育意义之所寄也"。习近平总书记勉励全国广大教师做有理想信念、有道德情操、有扎实学识、有仁爱之心的好老师。在成为好老师的路上，我还有很长很长的路要走。

后 记

与金工16级学生相处四年，再用一年的时间去消化过去四年的回忆，这是一场冒险。我对自己有了新发现，我需要具体的实践，所思所想、所思所得服务于具体的实践。这些具体的实践是我成长的源头。很幸运，跟学生一起完成的具体实践总体是愉快的，能够让我产生愿意持续深入的热情。

人渴望具体的生活，具体的生活甚至会拯救他。我想我在用具体的实践去证明具体生活对我的意义，能够更开放对待新的观念、新的体验和新的挑战。生活的意义也许是把握机会，做一些不确定的事情，应对未知，以及期待好运气。罗杰斯认为好运就是"偶然地创造出机会和意外发现的能力"，这句话很神奇。这个过程带来了改变，改变本身就是生命的历程和流动的时间。

四年的时间，给了我很好的机会去观察。金工16级构成了我的试验田，在有限的时间内，尽可能照顾到更多的苗子。从最初的着急到之后的耐心等待，他们在改变，我也在改变。他们像一面镜子，照出我的喜怒哀乐。当我意识到他们是一面镜子，我开始对自己的喜怒哀乐有觉察，尝试去管理情绪，提质增效。比如，我尝试从话痨的我变成倾听的我，激发对方表达，让对话流动下去。

四年的时间，让我学习了各种有必要的工具，方便实验田里的苗长好。涉及教育学、心理学、职业生涯规划等知识，心理咨询技术、职业工具测评技巧，还有参与式学习、参与式决策、教练等引导协作技术，甚至在怀孕期间上过即兴戏剧课程。对的，我还出演了《淡水小镇》。演出当天，我深受感动，尤其是感动于角色陈妈妈说的那句："每一个普通的日子都是重要的日子。"

从谈话开启的走进学生的过程，让我对教育有了一些感知：教育不是灌输，而是点燃；怎么点燃，需要沟通和了解，否则就是对牛弹琴；容易自我感觉良好，对方却无感，为避免这种现象，需要教师的自我觉察；走进学生是个持续的过程，需要坚持的驱动力，投入大量时间，需要教师不断提高自我格局；力求实现对学生更高站位的引导，需要教师不断提高自身的专业能力。

至此，我的认知仍然停留在如何做好教师的角色，对教育的理解还很浅。爱因斯坦说，所谓教育，就是一个人把学校所学全部忘却后剩下的东西。"善教者，使人继其志。"这句话来自《礼记·善歌者》篇。原意是：善于教育的人有能力使别人继承他的志向。任何人的成长脱离不了时代、国家，青年兴则国家兴，青年强则国家强。我和我的学生都属于青年一代，都有国家和民族所赋予的使命。

凡是过往，皆为序章。人际关系最好以某种节奏存在。对我，对49名同学，亦如是。